Computer Bild

Prinz & Müller

Schnellkurs Digitalfotografie & PC

ullstein

1 Fotoapparat Darauf müssen Sie bei der Kamera achten 6

Das erste Foto: So geht's mit der Digitalkamera . . . 7
Das A und O: die Bildauflösung . . . 9
Mit diesen Auflösungen können Sie arbeiten . . . 9
So passen Sie die Auflösung Ihrer Bilder an . . . 10
Die zentrale Instanz: das Objektiv . . . 12
Die Brennweite . . . 13
Die Lichtstärke . . . 14
So stellen Sie die Brennweite ein . . . 14

2 Zubehör Was Sie sonst noch brauchen 16

Die Energieversorgung der Kamera . . . 17
Speicherkarten für digitale Fotos . . . 18
Speicherkarte in die Kamera setzen . . . 19
Zubehör für die Kamera . . . 20
Zuverlässiger Schutz: die Kameratasche . . . 20
Fester Halt: das Stativ . . . 21
Reinigungsmittel . . . 22

3 Bedienung So bedienen Sie Ihre Kamera 23

Einfach nur Knipsen . . . 24
Kleine Dinge ganz groß: Die Makroeinstellung . . . 25
So funktioniert das Porträtprogramm . . . 26
Natur pur: Landschaftsaufnahmen . . . 27
Spezialprogramme für alle Gelegenheiten . . . 29

4 Bildgestaltung So tricksen Sie die Automatik aus 31

So sieht Ihre Kamera die Welt . . . 32
Professionelles Zoomen . . . 34
So nutzen Sie die Lichtempfindlichkeit . . . 36
Variationen: Spielereien mit der Belichtung . . . 38

5 Übertragen Bilder von der Kamera in den PC kopieren 40

So übertragen Sie Ihre Bilder per USB-Kabel . . . 41
Daten direkt vom Speichermedium beziehen . . . 43
Fotos von der Kamera auf die Festplatte kopieren . . . 44
So schaffen Sie Ordnung für Ihre Fotos . . . 47

6 Fotoverwaltung Bildverwaltung de luxe: Picasa2 49

So betrachten Sie Ihre Bilder unter Windows . . . 50
Bildverwaltung mit Picasa2 . . . 52
So überspielen Sie Picasa2 aus dem Internet . . . 52
So installieren Sie Picasa2 . . . 54
Der erste Start von Picasa2 . . . 55
So nutzen Sie die Fotoalben von Picasa2 . . . 57

7 Bildkorrektur So bearbeiten Sie Ihre Bilder mit Picasa2 59

Kontrolle von Einzelbildern in Picasa2 . . . 62
So wählen Sie den richtigen Bildausschnitt . . . 64
So richten Sie Bilder aus . . . 67
„Rote-Augen-Effekt“ korrigieren . . . 68
So hellen Sie Bilder auf . . . 69
Farbkorrekturen mit Picasa2 . . . 71

8 Präsentieren Abwechslungsreich: Diashows 73

Die Diashow von Windows . . . 74
Ihre Diashow als Bildschirmschoner . . . 75
Die Diaschau von Picasa2 . . . 77
So stecken Sie Ihre Diaschau in die Tasche . . . 80

9 Ausdruck Digitalfotos auf Papier 83

So drucken Sie Ihre Fotos mit Windows . . . 84
So drucken Sie Ihre Bilder mit Picasa2 . . . 86
Fotoabzüge mit Picasa2 bestellen . . . 89

10 Internet Bilder im Internet publizieren 91

Picasa2 im Internet: Fotoalbum online . . . 92
So melden Sie sich bei den „Picasa-Webalben“ an . . . 92
Bilder zu den „Picasa-Webalben“ übertragen . . . 94
So werden Internet-Fotoalben benutzt . . . 96
Neue Bild-Ideen: View . . . 98
So übertragen Sie Bilder in View . . . 99
Die größte Fotogemeinschaft: Flickr . . . 102
So melden Sie sich bei Flickr an . . . 102
So übertragen Sie Bilder zu Flickr . . . 103

Anhang 105

Was ist eigentlich...? . . . 105
Stichwortverzeichnis . . . 112

Zu diesem Buch

Früher begann alles mit der guten alten „Ritsch-Ratsch-Kamera“: Film einlegen, spannen, knipsen und so weiter, bis der Film voll und die Rolle leer war. Dann zurückspulen, ab zur Entwicklung, und ein paar Tage später gab es dann die Ahs und Ohs im Familien- oder Freundeskreis. Es ist gut, sich dies noch einmal vor Augen zu führen, denn schon bald wird sich kaum ein Mensch noch daran erinnern. Schon heute muss man lange suchen, ehe man vielleicht eine Einwegkamera mit Film in den Tiefen eines Handschuhfachs oder tatsächlich noch einen richtigen mechanischen Fotoapparat in der untersten Schublade des Wohnzimmerschranks findet.

Auf dem weihnachtlichen Gabentisch, neben der Geburtstagstorte oder im Urlaubs-Handgepäck haben längst die digitalen Nachkommen Platz genommen. Wenn sie „ritsch, ratsch!“ machen, dann nur, weil die Kamera einen Sound-Chip und einen Minilautsprecher hat. Ansonsten sind die Digitalkameras eher lautlos in die Fußstapfen der mechanischen Wegbereiter getreten.

Doch auch wenn heutzutage Entfernung, Belichtungszeit und Tiefenschärfe automatisch eingestellt werden und oft Motivprogramme den Schnappschuss optimieren, hat sich am Grundprinzip der Fotografie nichts geändert: Durch ein Objektiv fällt Licht auf eine lichtempfindliche Oberfläche, auf der das Motiv Gestalt gewinnt. Und wer sich vor Augen hält, was die Fotografie ganz abgesehen von ihren technischen Details so wunderbar und interessant macht, der erliegt schnell der alten Faszination des Knipsens – und möchte mehr wissen über Kameras, Bildentwicklung und Präsentation von Fotos.

So wendet sich dieses Buch an alle, die es wissen wollen: Dabei reicht das Spektrum vom ersten Digitalbild über all jene Dinge, die Sie beachten sollten, wenn Sie auf den Auslöser drücken, bis hin zur Übertragung Ihrer Fotos in den PC. Denn mit dem Computer ist die Dunkelkammer auf den heimischen Schreibtisch gekommen und erlaubt ganz ohne Rotlicht die verblüffendsten Effekte und Nachbearbeitungen. Es geht aber auch um das sinnvolle Sortieren Ihrer digitalen Bilder und um deren überzeugende Präsentation, ob nun im Internet, als Diashow auf dem Bildschirm oder wie gehabt auf dem Papier. Dann gibt es auf jeden Fall wieder Ahs und Ohs, ganz wie in alten Zeiten. Denn letztlich zählt das gute Bild.

1 Darauf müssen Sie bei der Kamera achten

Kaum eine Teildisziplin der Informationstechnologie hat in so kurzer Zeit so bemerkenswerte Fortschritte gemacht wie die Digitalfotografie. Wurden Digitalkameras noch vor wenigen Jahren nicht nur von Profis mit Misstrauen und Skepsis bedacht, kann man heute keine Vereinsfeier, keinen Strand, keine Touristenattraktion mehr besuchen, ohne dass Dutzende von Mitmenschen angestrengt auf die Monitore ihrer Digitalkameras - kurz „Digicams" - starren. Und selbst Profis haben ihre Mittelformat-Kamera-Ausrüstungen längst um hochauflösende Digitalkameras ergänzt.

Die Vorzüge der digitalen Fotografie sind offensichtlich: Aufnahmen können vor Ort begutachtet werden, auf Festplatten beliebig gespeichert und archiviert werden, leicht per Internet und E-Mail ausgetauscht werden - und man kann sie für wenig Geld auch in hoher Qualität ausdrucken. All dies können Sie selbst erledigen, ohne sich in Unkosten zu stürzen oder auf Laborarbeiten angewiesen zu sein. Um die Möglichkeiten der Digitalfotografie sinnvoll nutzen zu können, sollten Sie die Grundlagen dieser Technologie und die Funktionen Ihrer Kamera genau kennen.

Im ersten Kapitel dieses Buches erfahren Sie,
- wie Sie Ihre erste Aufnahme machen,
- welche **Auflösung**en Sie wofür benötigen,
- wie Sie die Auflösung Ihrer Kamera verändern,
- worauf Sie bei der Auswahl von **Objektiv**en achten müssen
- und wie Sie mit dem **Zoom**-Objektiv Ihrer Kamera umgehen.

Kapitel-Wegweiser

Das erste Foto: So geht's mit der Digitalkamera 7
Das A und O: die Bildauflösung 9
Mit diesen Auflösungen können Sie arbeiten 9
So passen Sie die Auflösung Ihrer Bilder an 10
Die zentrale Instanz: das Objektiv 12
Die Brennweite 13
Die Lichtstärke 14
So stellen Sie die Brennweite ein 14

Das erste Foto: So geht's mit der Digitalkamera

Die ungeheure Vielfalt von Digitalkameras auf dem Markt mag auf den ersten Blick verwirrend erscheinen. Letzten Endes überwiegen jedoch die Ähnlichkeiten zwischen den einzelnen Modellen.

1 Selbst wenn die Bedienelemente verschiedener Kameras unterschiedlich angeordnet sind: Jede Digitalkamera verfügt über einen Ein-/Ausschalter, der meist mit „ON/OFF" gekennzeichnet ist. Hier schalten Sie die Kamera ein: .

2 Ebenso verfügt jede Kamera über einen sogenannten Funktionsring, mit dem Sie die verschiedenen Aufnahmemöglichkeiten und weitere Funktionen der Kamera auswählen können. Eine dieser Funktionen sorgt zum Beispiel dafür, dass die Kamera eine Aufnahme vollautomatisch anfertigt. Diese Funktion wird meist mit dem Wort „Auto" oder durch ein grünes Symbol gekennzeichnet. Drehen Sie den Funktionsring so, dass diese Funktion aktiv ist.

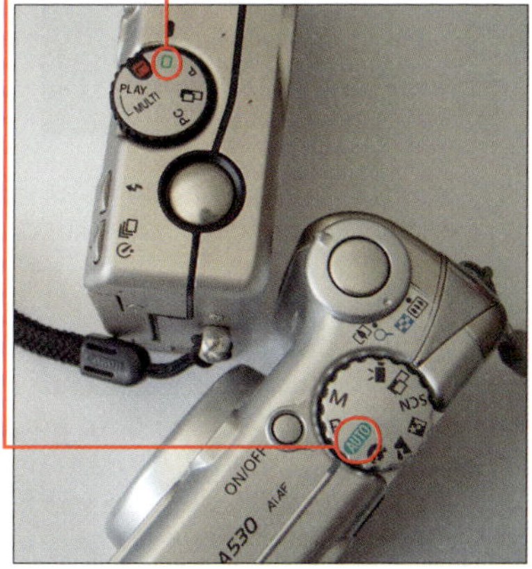

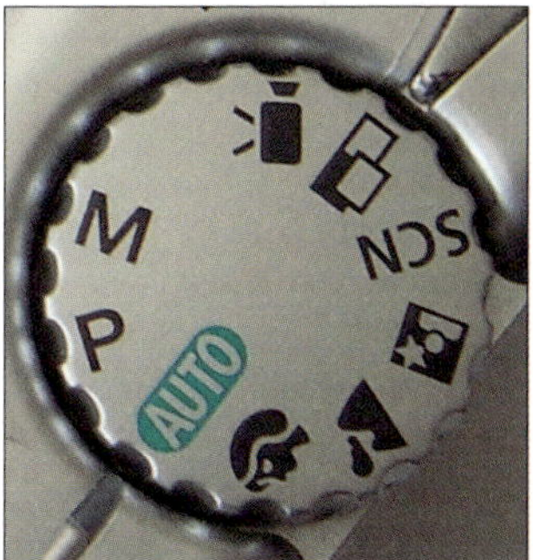

3 Wenn Sie die entsprechende Einstellung vorgenommen haben, sollten

Sie auf dem Monitor Ihrer Kamera

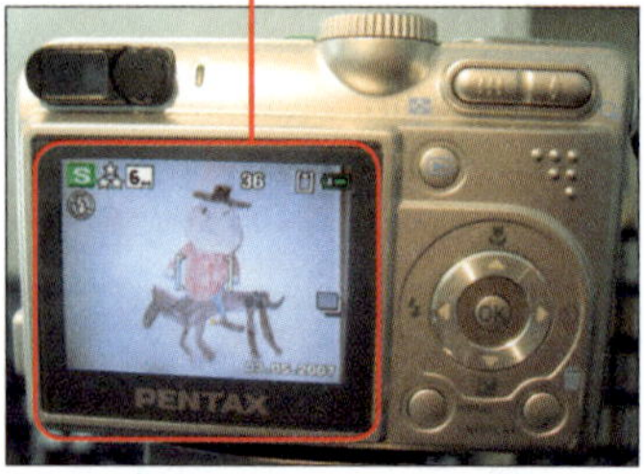

etwas sehen können. Nun haben Sie die Gelegenheit, die Kamera korrekt auf das Motiv hin auszurichten.

4 In bestimmten Situationen - etwa wenn es besonders hell ist - kann es passieren, dass der Monitor kein gutes Bild liefert. Für solche Fälle stellen bessere Kameras einen klassischen Sucher

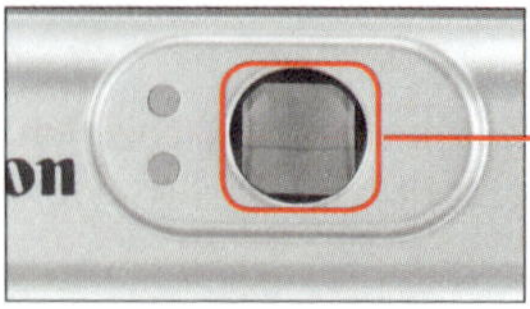

zur Verfügung, der Ihnen hilft, das Motiv anzuvisieren.

5 Drücken Sie den Auslöser der Kamera

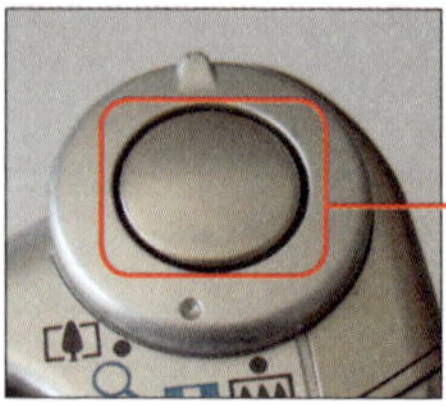

zunächst nur leicht an. Damit aktivieren Sie die Kameraautomatik, die sich nun bemüht, die richtige Entfernung einzustellen und die korrekten Einstellungen für Zeit und Blende zu finden. Diesen Vorgang können Sie sogar akustisch wahrnehmen, da die Entfernungseinstellung am Objektiv mithilfe kleiner Elektromotoren vorgenommen wird.

6 Schließlich drücken Sie den Auslöser, den Sie bislang erst angedrückt haben, ganz durch. Manche Kameras erzeugen dazu ein passendes Geräusch (das Sie aber auch abschalten können). Jetzt haben Sie Ihr erstes Digitalfoto gemacht. Um dieses Bild zu kontrollieren, müssen Sie Ihre Kamera vom Aufnahmein den Wiedergabemodus umschalten. Dazu bieten einige Kameras im Gehäuse einen kleinen Druckknopf

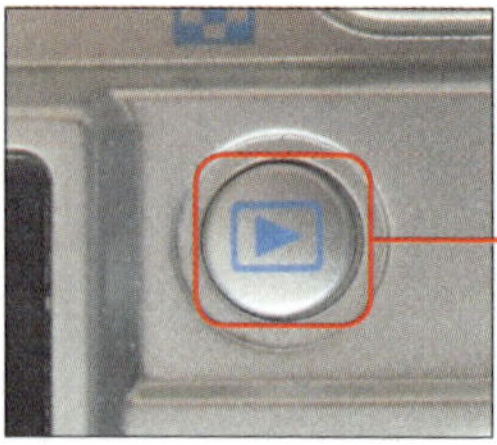

und andere einen Schiebeschalter.

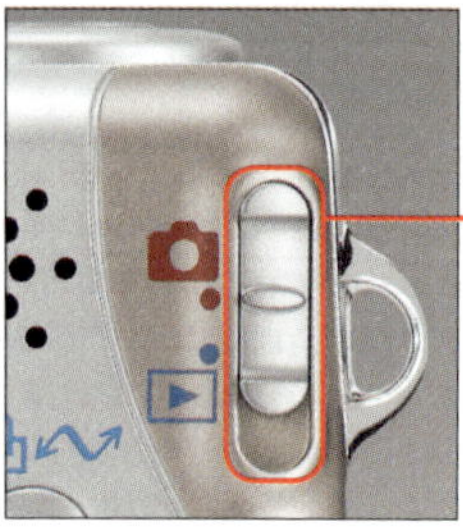

Das A und O: die Bildauflösung

Viele der bisher genannten Begriffe kennen Sie noch aus der Zeit der herkömmlichen - analogen - Fotografie. Das liegt daran, dass der Unterschied zwischen einer traditionellen Kamera, die Bilder auf einer chemisch beschichteten Folie speichert, und einer modernen Digitalkamera gar nicht so groß ist, wie man vielleicht glauben möchte. Alle Elemente einer klassischen Kamera finden Sie auch bei einer Digicam: das Gehäuse, in dem die Bedienelemente und die Automatik untergebracht sind; das Objektiv, das das Motiv auf eine lichtempfindliche Fläche projiziert; und schließlich ein **Speichermedium**, auf dem die Bilder festgehalten werden.

Die lichtempfindliche Fläche - der sogenannte Fotosensor - bestimmt das wichtigste Unterscheidungskriterium für Digitalkameras, die Bildauflösung. Darunter versteht man die Anzahl von Bildpunkten (**Pixel**), aus denen sich ein Bild zusammensetzt. Auf dem Fotosensor entspricht jedes Pixel einem lichtempfindlichen Element. Die Auflösung gängiger Digitalkameras sind inzwischen sehr hoch. Daher hat sich der Begriff „Megapixel" eingebürgert, der die Pixel einfach in Millionen („Mega") zusammenfasst. Hier gilt oftmals eine einfache Rechnung: Je mehr Bildpunkte, desto besser das Bild - desto besser die Kamera. Folglich erfahren Sie in jedem Fotoladen, dass der Preis einer Digicam fast unmittelbar von ihrer höchsten Auflösung abhängt.

Mit diesen Auflösungen können Sie arbeiten

Diese Rechnung stimmt allerdings nur bedingt. Je nachdem, was Sie mit Ihrer Digitalkamera vorhaben, können Sie eine Menge Geld sparen, wenn Sie sich klarmachen, wie hoch die Auflösung ist, die Sie tatsächlich benötigen. Hier die wichtigsten Auflösungen für Hobbyfotografen:

- **640 x 480 Bildpunkte**: Rechnerisch ergeben sich bei diesem sogenannten **VGA-Format** 307.200 Bildpunkte, also 0,3 Megapixel. Dieses Format reicht für Fotos, die im Internet veröffentlicht werden, völlig aus, ist aber zum Ausdruck eher ungeeignet.

- **1280 x 960 Bildpunkte**: Das ergibt insgesamt 1.228.800 Punkte, also 1,2 Megapixel. Mit diesem Format können Sie bereits einfache Ausdrucke bis maximal zum Postkartenformat realisieren.

- **2048 x 1536 Bildpunkte**: Ergeben 3,1 Megapixel oder - ganz genau - 3.145.728 Pixel. Dieses Format erlaubt Ihnen, Ausdrucke im klassischen Fotoformat von 9 x 13 oder 10 x 15 Zentimetern, ohne dass Sie Zugeständnisse bei der Qualität machen müssten.

- **2592 x 1944 Bildpunkte**: Das sind insgesamt 5.038.848 Bildpunkte, kurz 5 Megapixel. Ausdrucke bis zum Format DIN A4, also etwa 20 x 30 Zentimeter, sind hier problemlos möglich.

Die Beispielkamera: Canon PowerShot A530

Dieses Buch soll Ihnen einen möglichst umfassenden Überblick über das Fotografieren mit digitalen Kompaktkameras geben. Daher wurde versucht, möglichst wenig auf die Besonderheiten einzelner Modelle einzugehen. In Fällen, in denen sich dies nicht vermeiden ließ, diente die „Canon PowerShot A 530" als Beispielkamera.

Diese Kamera ist ein preiswertes Einsteigermodell mit einer maximalen Auflösung von fünf Megapixeln. Das Zoomobjektiv hat eine **Brennweite** von 5,8 - 23,2 mm, was – hochgerechnet auf das Kleinbildformat – einer Brennweite von 35 - 140 mm entspricht. Die PowerShot A 530 ist für vollautomatische Aufnahmen gut ausgestattet und bietet auch die Möglichkeit zur manuellen Bildgestaltung. Die **Lichtempfindlichkeit** der PowerShot A 530 ist mit bis zu **ISO** 800 bemerkenswert hoch. Als Speichermedium nutzt sie die weit verbreiteten SD-Karten, und der Strom wird von zwei Akkus im Standardformat AA geliefert.

- **3072 x 2304 Bildpunkte:** Bringen es auf eine Bildgröße von 7.077.888 Bildpunkten, also 7 Megapixel. Das dürfte derzeit das Maximalformat für Kameras der mittleren Preisklasse sein. Theoretisch sind hier auch Ausdrucke jenseits des DIN-A4-Formats möglich, was aber praktisch meist daran scheitert, dass Drucker und Fotopapier in diesen Formaten extrem teuer sind. Allerdings bieten Bilder in einer so hohen Auflösung eine gewisse Reserve, die bei der späteren Bildbearbeitung oft gut gebraucht werden kann.

Hochwertige Kameras - namentlich digitale Spiegelreflexkameras - bieten mittlerweile Auflösungen von bis zu 15 Megapixel und mehr. Diese Kameras sind allerdings so teuer, dass sie für Hobbyfotografen kaum in Frage kommen werden.

So passen Sie die Auflösung Ihrer Bilder an

Wie gesagt: Die maximale Auflösung, die Ihre Kamera zuwege bringt, ist zweifellos ein wichtiges Auswahlkriterium beim Kauf einer Digitalkamera. Das bedeutet allerdings nicht, dass Sie alle Bilder mit genau dieser Auflösung aufnehmen müssen: Bisweilen braucht man keine hohe Auflösung, sondern viel Speicherplatz für Bilder. Sie können diesen Speicherplatz erheblich vergrößern, indem Sie die Auflösung Ihrer Fotos - und damit die Größe der entsprechenden Bilddateien - reduzieren.

1 Schalten Sie Ihre Kamera mit der „ON/OFF“-Taste ● ein, und stellen Sie den Funktionsring auf „Auto“ ●.

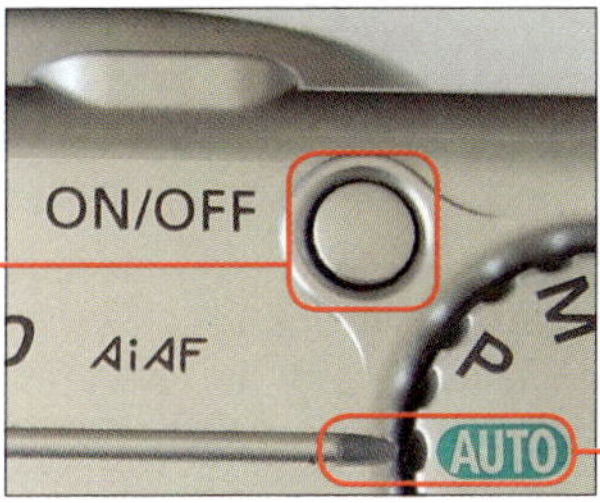

2 Als Nächstes drücken Sie auf der Rückseite der Kamera die Einstellungstaste ●,

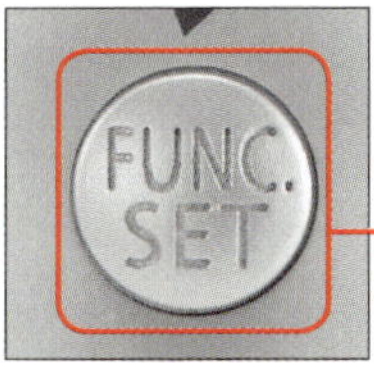

um das entsprechende Menü aufzurufen.

3 Mithilfe der Tasten ● und ●

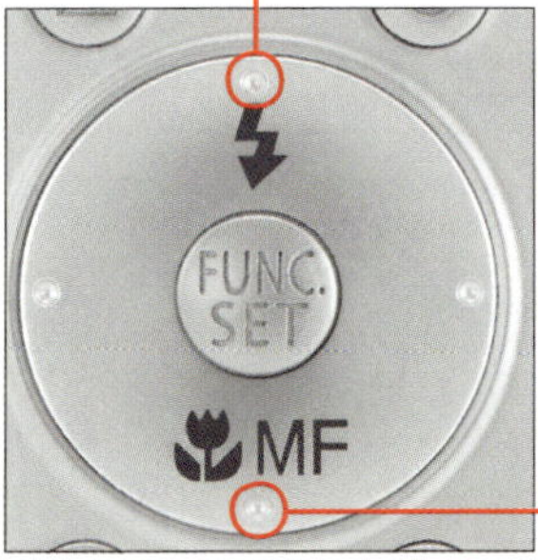

öffnen Sie das Untermenü ●

in dem Auswahlmenü, das auf dem Monitor der Kamera eingeblendet wird.

4 Im so geöffneten Untermenü können Sie zwischen den verschiedenen Auflösungen der Kamera ● wechseln.

Mit den Tasten ● und ●

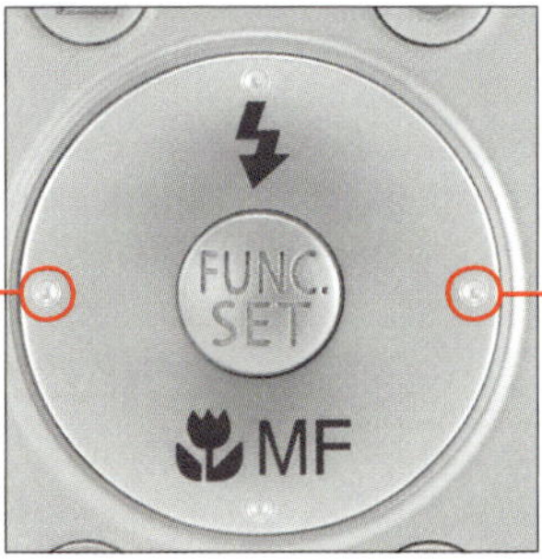

steuern Sie die gewünschte Auflösung an.

5 Um sparsam mit dem verfügbaren Speicher umzugehen, können Sie die Kompression der Bilder ändern. Dazu drücken Sie, wenn Sie sich im bereits geöffneten Auflösungs-Menü befinden, die Menü-Taste auf der Rückseite der Kamera: ●.

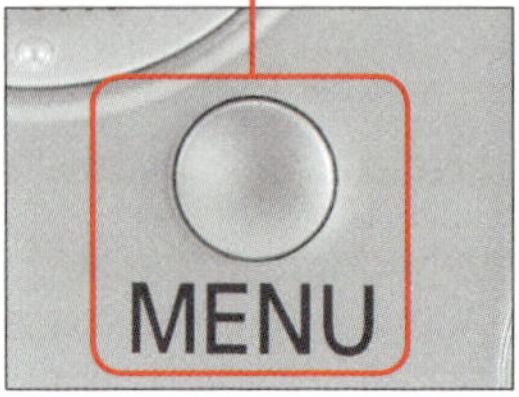

6 Daraufhin ändert sich das Auswahlmenü auf dem Monitor: Nun können Sie - abermals mit den nach rechts und links weisenden Tasten auf der Kamera-Rückseite (siehe Schritt 4) - die Kompression ●

bestimmen. Bedenken Sie dabei jedoch, dass sich eine hohe Kompression zwar positiv auf den verfügbaren Speicherplatz, nicht aber auf die Bildqualität auswirkt.

7 Mit einem weiteren Druck auf die Einstelltaste ●

kehren Sie abschließend wieder zum Aufnahmemodus zurück und können nun mit neuer Auflösung und Kompression fotografieren.

> **Achtung!**
> **Zu niedrige Auflösung**
>
> Sie sollten die Auflösung und Kompression Ihrer Bilder nur im Notfall verändern, da sich eine niedrigere Auflösung und eine hohe Kompression ausgesprochen negativ auf die Qualität Ihrer Bilder auswirken. Um sicherzustellen, dass Ihre Bilder in optimaler Qualität aufgenommen und gespeichert werden, sollten Sie stets die maximale Auflösung und die minimale Kompression einstellen. Und falls der Speicherplatz knapp wird: Speichermedien können für wenig Geld nachgekauft werden.

Die zentrale Instanz: das Objektiv

Ganz gleich, ob Sie nun an die klassische Analogfotografie denken oder an die moderne Digitalfotografie: Das wichtigste und teuerste Bauteil einer Kamera ist das Objektiv: ●.

Seine Aufgabe besteht darin, das einfallende Licht zu bündeln und auf die lichtempfindliche Fläche einer Kamera zu projizieren. Tatsache ist: Wenn das Objektiv nichts taugt, können die Bilder nicht gut werden. Daran hat sich seit den Zeiten des Fotopioniers Louis Daguerre (1787 - 1851) nichts geändert.

Da bei einer Kompaktkamera alle nötigen Bauteile in einem Gerät vereinigt sind, lässt sich das Objektiv der Kamera - anders als bei einer Spiegelreflexkamera - nachträglich nicht austauschen. Deshalb sollten Sie sich bereits vor dem Kauf auch ein paar Gedanken über die Qualität des Objektivs machen. Dabei gilt es, zwei Kennzahlen zu beachten: die **Lichtstärke** und die Brennweite.

Die Brennweite

Die Brennweite (**Fokus**) beschreibt letztlich die Wölbung der Linse und gibt Aufschluss darüber, wie groß der Bildausschnitt ist, den das Objektiv erfasst. Digitalkameras verfügen in aller Regel über ein Zoom-Objektiv, mit dem Sie entfernte Motive mehr oder minder stufenlos vergrößern - oder „heranzoomen" - können. Diese Objektive bieten also eine variable Brennweite.

Diese Brennweite ist abhängig von der lichtempfindlichen Fläche, auf die das Bild geworfen wird. Und die ist bei Digitalkameras nun mal deutlich kleiner als bei herkömmlichen Apparaten. Daher haben die Hersteller von Digitalkameras sich angewöhnt, statt der tatsächlichen Brennweiten Vergleichswerte zu nennen, wie sie für eine herkömmliche Kleinbildkamera gelten würden.

Bei der Canon PowerShot A 530 beispielsweise beträgt die tatsächliche Brennweite 5,8 bis 23,2 Millimeter. Diese Angabe finden Sie stets am Rand des Objektivs: ●.

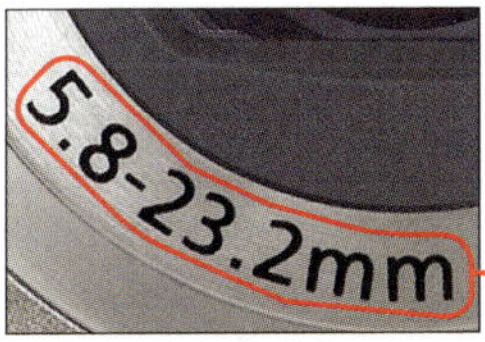

Vorsicht beim „Digital-Zoom"

Die meisten Hersteller digitaler Fotoapparate schmücken sich gern mit hohen Brennweiten. Daher haben Sie neben dem optischen Zoom auch ein sogenanntes digitales Zoom erfunden. Was nun klingt wie ein Wunder der Technik, ist in Wahrheit nichts anderes als ein simpler Taschenspielertrick: Das vom Objektiv gelieferte – optische – Bild wird nicht weiter vergrößert. Größer gemacht werden lediglich die Bildpunkte des digital verarbeiteten Bildes. Am Display der Kamera, bei niedrigen Auflösungen am Monitor und bei kleinformatigen Ausdrucken wirkt das zwar wie eine Vergrößerung, tatsächlich ist es aber eine Verminderung der Bildqualität, die die Bilder nur unscharf und körnig macht. Sollten Sie eine derartige Vergrößerung des Motivs wirklich brauchen, können Sie sie jederzeit nachträglich am PC realisieren. In Ihrer Kamera sollten Sie den „Digital-Zoom" aber tunlichst grundsätzlich ausschalten.

Allerdings werden bei einigen Kameras Werte angegeben, die sich auf das klassische Kleinbildformat beziehen. Bezogen auf das klassische Kleinbildformat (24 x 36 mm), entspricht dies einer variablen Brennweite von 35 bis 140 Millimeter. Damit bietet die Kamera einen moderaten Weitwinkel und schon recht beachtliche Tele-Qualität.

Als Faustregel gilt: Das menschliche Auge hat eine Brennweite von 50 Millimetern. Brennweiten, die kleiner sind, erweitern den Blickwinkel, Brennweiten darüber holen das Motiv näher ran. Die Brennweite eines Objektivs ist stets sichtbar eingraviert.

Die Lichtstärke

Wie bei Zoom-Objektiven allgemein üblich, ist die Lichtstärke des Objektivs von der Brennweite abhängig. Die ideale Lichtstärke würde 1:1 betragen. Das hieße, dass das Bild ohne Helligkeitsverlust durchs Objektiv geht. Dieser Wert ist allerdings rein theoretisch, denn auch teure Profi-Objektive erreichen nur selten eine Lichtstärke von 1:1,4.

Die maximale Lichtstärke der PowerShot A 530 beträgt bei kleinster Brennweite 1:2,6 ●. Wählt man die größte Brennweite, so beträgt die Lichtstärke nur noch 1:5,5 ●.

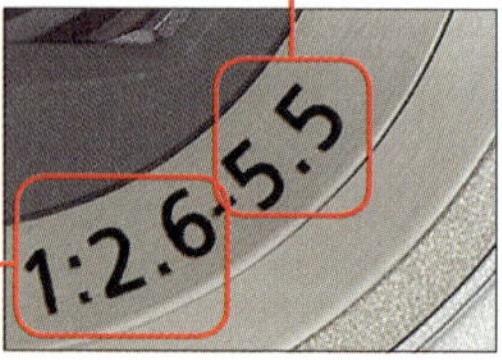

Auch diese Werte stehen am Rand des Objektivs. Je höher also die Brennweite ist, desto weniger Licht schafft es durch das Objektiv, und desto leichter verwackeln die Bilder.

Da es für Laien meist unmöglich ist, die optischen Qualitäten eines Objektivs tatsächlich zu beurteilen, gibt es auch für die Lichtstärke eine passable Faustregel: Je höher sie ist, desto besser wird das Objektiv sein.

So stellen Sie die Brennweite ein

Durch das Einstellen der Brennweite des Objektivs können Sie ein Motiv „heranzoomen“.

1 Um die Brennweite komfortabel einzustellen, besitzen digitale Kameras eine sogenannte Zoomwippe. Bei der PowerShot ist dies ein Ring, der um den Auslöser gelegt wurde, bei vielen anderen Kameras ist es ein Kippschalter auf der Kamerarückseite. An der Vorderseite dieses Rings finden Sie eine kleine Ausbuchtung ●, die Ihnen das Handhaben der Zoomwippe erleichtern soll. Auf der anderen Seite zeigt eine kleine Einkerbung ●

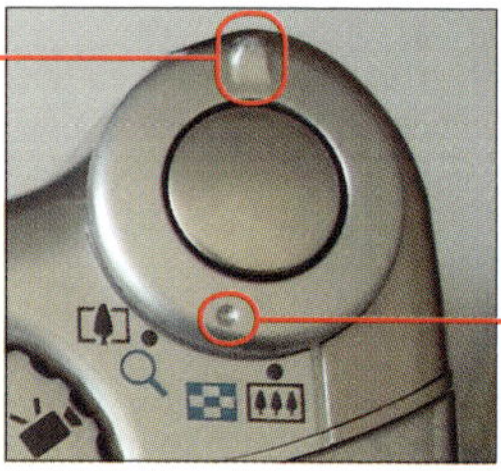

an, in welche Richtung Sie die Zoomwippe führen müssen, um den Bildausschnitt zu vergrößern (Weitwinkel) oder zu verkleinern (Tele). Digitale Kompaktkameras starten meist so, dass der größtmögliche Weitwinkel voreingestellt ist.

2 Wenn Sie nun die Ausbuchtung der Zoomwippe nach rechts bewegen, wird die Brennweite vergrößert, und Sie sehen auf dem Bildschirm, wie das Bild näher heranrückt: ●.

3 Bewegen Sie die Zoomwippe hingegen in die andere Richtung, also nach links, so verkleinert sich die Brennweite bis in den Weitwinkelbereich. Das Motiv wird kleiner ● und rückt in den Hintergrund, während der sichtbare Bildausschnitt größer wird.

2 Was Sie sonst noch brauchen

Die Bezeichnung „Kompaktkamera" legt eigentlich nahe, dass man nach dem Erwerb eines solchen Fotoapparats alles hat, was man zum Knipsen braucht. Das stimmt leider nur eingeschränkt, denn im harten Preiskampf sind die Hersteller längst dazu übergegangen, Digicams nur mit dem absoluten Minimum anzubieten. Notwendige und sinnvolle - aber leider auch preistreibende - Extras wie Akkus, Speichermedien und Taschen müssen Sie schon selbst erwerben. Hier lohnt sich häufig der Besuch im Fachhandel: Um diesen vor der Konkurrenz der Discounter zu schützen, stellen die Hersteller oft Komplettpakete zusammen, die zwar teurer sind als die „nackten" Modelle beim Discounter, die in der Summe der Zubehörteile allerdings einen erfreulichen Preisvorteil bieten. Ebenso haben Sie hier natürlich die Chance, sich durch geschicktes Verhandeln selbst einen Preisvorteil zu verschaffen, indem Sie den Händler dazu überreden, ein paar Extras kostenlos oder preisreduziert draufzulegen.

Im zweiten Kapitel dieses Buches erfahren Sie,
- welches Zubehör Sie wozu brauchen
- und was dabei im Detail zu beachten ist.

Kapitel-Wegweiser

Die Energieversorgung der Kamera 17
Speicherkarten für digitale Fotos 18
  Speicherkarte in die Kamera setzen 19
Zubehör für die Kamera 20
  Zuverlässiger Schutz: die Kameratasche 20
  Fester Halt: das Stativ 21
  Reinigungsmittel 22

Die Energieversorgung der Kamera

Digitale Kompaktkameras lassen sich leicht in zwei Gruppen unterteilen: solche, die mit speziellen Akkus ausgeliefert werden, und solche, die Akkus einer Standardgröße - meist das sogenannte Mignon- oder „AA"-Format - benötigen. Die Digicams der ersten Art sind normalerweise kompakter gebaut: Und zwar so kompakt, dass Akkus im Standardformat nicht hineinpassen, weshalb die Hersteller diese mit speziell konstruierten Energiezellen ausstatten - was sie letzten Endes auch teurer macht.

Kameras, die Standardakkus benutzen, werden in der Regel ohne Akkus ausgeliefert. Stattdessen sind sie meist mit normalen Batterien bestückt, die nur genug Ladung enthalten, um nach dem Kauf die korrekte Funktionsweise der Kamera zu überprüfen. Das muss kein Nachteil sein: Der günstigere Preis wirkt sich nicht auf die optische Qualität aus, und die Akkus lassen sich leicht besorgen.

Dabei müssen Sie keinen Wert darauf legen, dass die Akkus denselben Hersteller-Aufdruck tragen wie Ihre Kamera. So lassen sich abermals ein paar Euro einsparen, ohne dass dies zu Lasten Ihrer Fotos geht. Im Idealfall bietet Ihr Händler Ihnen ein Komplett-Set aus vier Akkus und einem Ladegerät

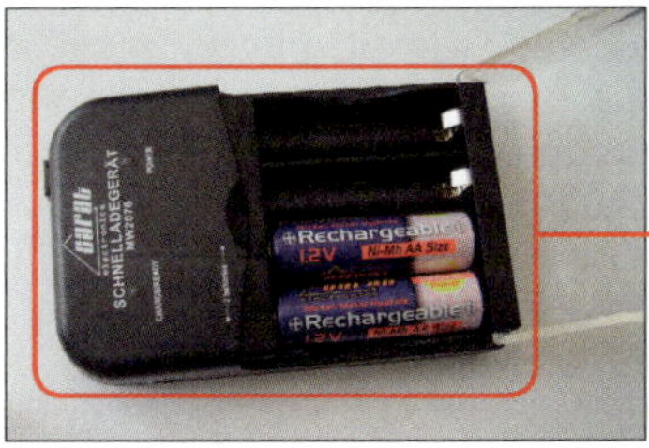

an. Damit haben Sie gleich einen Reserve-Satz Akkus erworben, der Ihnen wertvolle Dienste leisten wird, wenn der Fotoausflug mal etwas länger dauert.

! Notstrom-Aggregat

Ein weiterer Vorteil von Kameras, die Standardakkus verwenden, besteht darin, dass Sie im Notfall auch auf normale Batterien zurückgreifen können: Die können den hohen Energiebedarf Ihrer Digitalkamera zwar nur für kurze Zeit befriedigen, lassen sich aber zu jeder Tages- und Nachtzeit zuverlässig an der Tankstelle besorgen. Und das ist allemal besser, als darauf verzichten zu müssen, das tollste Foto des Jahres zu machen.

Speicherkarten für digitale Fotos

Ein weiterer wichtiger Bestandteil Ihrer Digitalkamera gehört nur in Ausnahmefällen zum Lieferumfang: die **Speicherkarte**. Sie dient dazu, die Bilddaten, die Sie aufgenommen haben, so lange zu speichern, bis sie in Ihren PC übertragen werden können. Zwar verfügen Digitalkameras auch über einen eingebauten Speicher, doch der erfüllt etwa denselben Zweck wie die mitgelieferten Standardbatterien: Sie können zwar kontrollieren, ob der Apparat ordnungsgemäß funktioniert, doch sobald Sie mehr als zwei oder drei Fotos machen wollen, stößt der eingebaute Speicher rasch an seine Grenzen.

Auch das muss kein Nachteil sein, denn der Preis für Speicherkarten fällt seit Jahren mit bemerkenswerter Geschwindigkeit. Musste man noch 2004 etwa 50 Euro für eine Speicherkarte mit einer Kapazität von 128 **Megabyte** anlegen, bekam man im Frühjahr 2007 für zehn Euro schon eine Speicherkarte mit einem **Gigabyte** Speicherplatz.

Speicherkarten sind in verschiedenen Formaten auf dem Markt. Das Format der Speicherkarte ist von der Bauart Ihrer Kamera abhängig. Bei digitalen Kompaktkameras sind die wichtigsten Formate:

- **CF-Karte** (**C**ompact **F**lash): Dieses Format war ursprünglich sehr weit verbreitet, wird jedoch immer seltener benutzt, da die Karten im Vergleich zu anderen Formaten doch noch recht groß sind.

- **SD-Karte** (**S**ecure **D**igital): Die SD Karte ist derzeit das am weitesten verbreitete Format, da sie zuverlässig und recht klein ist. Allerdings dürfte die SD-Karte in kommenden Digitalkamera-Generationen von ihren kleineren „Geschwistern“ Mini- und Mikro-SD ersetzt werden.

- **Memory-Stick**: Dieses Kartenformat wird von Sony und wenigen anderen Herstellern bevorzugt, da es sich offenbar recht leicht in ultra-kompakten Gehäusen verbauen lässt. Memory-Sticks gibt es in einer Vielzahl unterschiedlicher Größen.

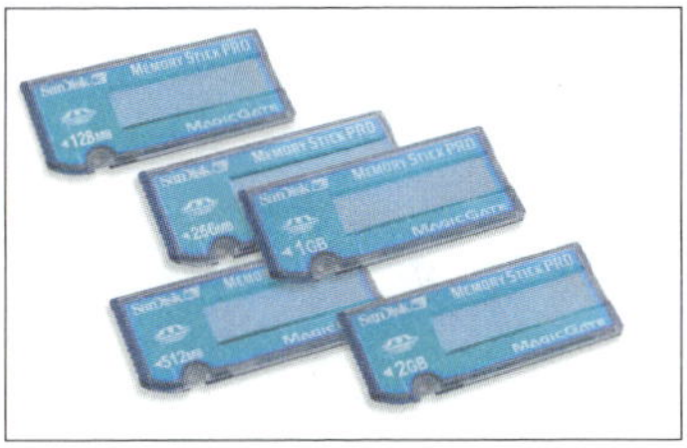

Speicherkarte in die Kamera setzen

Das Einsetzen von Speicherkarten ist bei allen Digitalkameras im Prinzip ein Kinderspiel. Dennoch sollten Sie zuvor unbedingt die Gebrauchsanweisung Ihrer Kamera lesen, denn die Kontakte der Karte sind sehr empfindlich. Versuchen Sie es also niemals mit Gewalt.

1 Bei der Canon PowerShot A 530 befindet sich die Speicherkarte wie bei vielen anderen Kameras unter einer Klappe am Kameraboden, die auch die Akkus birgt: ●.

2 Versichern Sie sich, dass die Kontakte der Karte in die korrekte Richtung weisen. Eine kleine Markierung beim Einschubschlitz ● zeigt Ihnen die Richtung. Oft dient hierbei die abgeschrägte Ecke ●

der Speicherkarte als Orientierungshilfe. Führen Sie die Karte vorsichtig in den Einschubschlitz ein.

3 Stellen Sie die Karte nun senkrecht, und schieben Sie sie langsam in den Schlitz. Am Ende müssen Sie mit einem leichten Fingerdruck auf ● nachhelfen.

4 Jetzt haben Sie die SD-Karte ordnungsgemäß eingesteckt. Um sie dort bei Bedarf wieder zu entfernen, müssen Sie abermals leicht mit dem Finger darauf ● drücken, denn die Karte ist mit einem Mechanismus verriegelt, der dem eines Kugelschreibers nicht unähnlich ist.

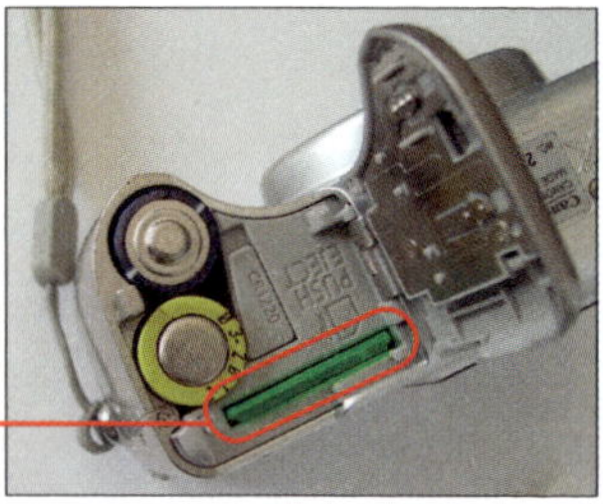

Zubehör für die Kamera

Natürlich wollen Sie möglichst lange Freude an Ihrer Digicam haben. Also sollten Sie diese mit einiger Sorgfalt behandeln. Digitalkameras sind technische Geräte, die man vor mechanischen Belastungen schützen sollte. Zudem enthalten sie eine Menge Elektronik, also sollte man sie möglichst trocken halten, und da sie schließlich auch eine Menge Feinmechanik bergen (etwa im **Zoom**-Objektiv), ist auch der Kontakt zu Staub oder Sand keine sonderlich gute Idee.

Zuverlässiger Schutz: die Kameratasche

Sehr hilfreich ist in jedem Fall eine Fototasche: Denn eine Kamera, die ungeschützt in Handtasche, Rucksack oder Jackentasche liegt, riskiert Beschädigungen durch Schlüsselbund, Münzen, Taschenmesser, Lippenstift etc. Sollten Sie es mit Ihrem Markenbewusstsein vereinbaren können, empfiehlt sich der Kauf einer Kameratasche vom spezialisierten Hersteller (wozu auch unnötig die Aufmerksamkeit neidischer Langfinger erregen?). Firmen wie Cullmann, Tamrac oder Lowepro bieten eine reiche Auswahl an unauffälligen Taschen in allen Größen, die meist recht praktisch konstruiert sind und nicht gleich mit dem Namen des Kameraherstellers um Achtung buhlen. Sie nehmen nicht nur die Kamera auf, sondern eben auch Ersatz-Akkus ● und eine zweite Speicherkarte ●.

Achten Sie zudem darauf, dass die Tasche nicht allzu groß ist. Was nutzt es schließlich, wenn die Kamera statt im Rucksack in der Kameratasche herumfliegt?

- Erfahrene Digitalfotografen empfehlen den Kauf einer Neoprentasche.

Dieses weiche und elastische Material bietet nicht nur mechanischen Schutz, es ist auch hinreichend wasser- und staubdicht. Außerdem sorgt es für eine gewisse Temperaturdämmung, sodass es keine Kondensationseffekte gibt, wenn die Kamera vom Warmen ins Kalte (oder umgekehrt) kommt. Starke und rasche Temperaturunterschiede führen nämlich dazu, dass sich an glatten Flächen Kondensflüssigkeit bildet.

Fester Halt: das Stativ

Ein Zubehörteil, das eher selten zum Standard gehört, ist das Stativ. Das ist umso verwunderlicher, als die in kompakten Digitalkameras eingebauten **Objektive** in der Regel nicht über eine beeindruckende **Lichtstärke** verfügen: Je weniger Tageslicht zur Verfügung steht, desto größer ist die Chance, dass Ihre Aufnahmen verwackeln, wenn Sie aus der Hand fotografieren. Das gilt erst recht für Aufnahmen mit Tele-**Brennweiten**: Je größer die Brennweite ist, desto leichter verwackelt man eine Aufnahme. Zu allem Unglück kommt hinzu, dass die Lichtstärke eines Objektivs umso geringer ist, je höher Sie die Brennweite einstellen. Das Ergebnis: Oft lohnt es sich erst gar nicht, die Kamera auszupacken, wenn Sie eine Teleaufnahme machen wollen und die Sonne nicht mit aller Gewalt vom sommerlichen Mittagshimmel scheint.

Die Lösung ist ebenso einfach wie preiswert und praktisch: Ein Stativ hilft Ihnen, die Kamera stets ruhig zu halten. Steht die Kamera erst einmal fest auf dem Stativ, können Sie auch in den Dämmerstunden Teleaufnahmen machen, die nicht verwackelt sind.

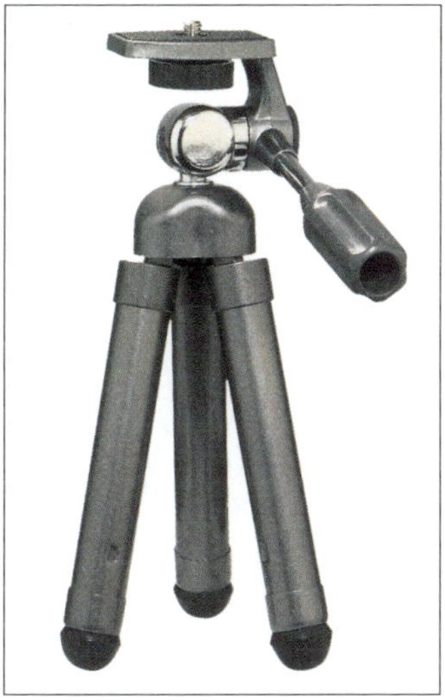

Da digitale Kompaktkameras Leichtgewichte sind, benötigen Sie kein großes – und schweres – Stativ, mit dem sich die Hobbyfotografen in früheren Zeiten abplagen mussten. Vielmehr reicht ein kleines Taschenstativ, das nicht viel wiegt und sich problemlos mitnehmen lässt. Einziger Nachteil dieser Ministative ist, dass sie keine sonderlich bequeme Arbeitshöhe bieten: So ist das Cullmann „Presto“ Stativ für etwa 40 Euro zu haben, wiegt gerade mal 409 Gramm und ist erfreulich stabil. Lediglich seine maximale Arbeitshöhe ist auf etwa 60 Zentimeter begrenzt.

Reinigungsmittel

Zwar sind Digicams recht gut gegen äußere Einflüsse wie Staub und Schmutz geschützt, doch im Laufe der Zeit lässt es sich nicht vermeiden, dass sich etwas Staub oder ein Schmutzfilm auf dem Objektiv bildet.

- In diesem Fall sollten Sie zunächst einmal Ruhe bewahren und sich den ersten Reflex verkneifen: Pusten Sie nicht auf die Linse - ein unabsichtliches Speicheltröpfchen kann Ihre Bilder genauso verderben wie eine Staubfluse, ist aber hinterher erheblich schwerer zu entfernen. Ebenso sollte der Gebrauch von Tempo- oder Kleenex-Tüchern tabu sein: Für die empfindliche Optik sind derartige Hygienetücher einfach zu rau.

- Brillenträger haben hier einen gewissen Heimvorteil, denn sie haben oft spezielle Brillenputztücher zur Hand. Diese sind entweder aus Mikrofaser und damit weich genug, oder es handelt sich um leicht angefeuchtete Einmal-Papiertücher, die der Optik ebenfalls keinen Schaden zufügen. Die Einmal-Papiertücher bekommen Sie übrigens für wenig Geld im Drogeriemarkt und die öfter verwendbaren Mikrofaser-Läppchen beim Optiker - oft genug sogar als Werbegeschenk.

> **! Vorsicht bei Schmutz!**
>
> Widerstehen sollten Sie auch dem Reflex, die Optik Ihrer Digicam in freier Wildbahn zu reinigen: Das Risiko, dabei zusätzlichen Schmutz auf die Optik zu bringen oder versehentlich die Zoom-Mechanik zu beschädigen, ist einfach zu groß. Reinigen Sie das Objektiv in Ruhe zu Hause, wo die Kamera stabil auf einem Tisch vor Ihnen liegt.

- Wenn Sie schon einmal dabei sind, empfiehlt es sich auch die Oberfläche zu reinigen. Auch hier sollten Sie ein möglichst weiches Tuch benutzen - etwa ein gutes Fensterleder oder ein Mikrofasertuch. Feuchtigkeit ist dabei allerdings ein absolutes Tabu!

3 So bedienen Sie Ihre Kamera

Nachdem nun Kamera und Zubehör bereitliegen, wird es höchste Zeit, mit dem Fotografieren zu beginnen. Ihre erste, einfache Aufnahme haben Sie bereits im ersten Kapitel gemacht. Nun geht es darum, die Möglichkeiten auszuschöpfen, die Ihre Kamera bietet: Neben der Standardautomatik, die Sie in Kapitel 1 kennengelernt haben, verfügen die meisten digitalen Kompaktkameras über eine Reihe von Spezialprogrammen, die es Ihnen erleichtern, auch in schwierigen Situationen gute Bilder zu machen. Leider unterscheiden sich die Digitalkameras verschiedener Hersteller an keinem Punkt so sehr wie bei der Auswahl dieser Spezialprogramme. Daher lernen Sie im Folgenden nur exemplarisch die wichtigsten dieser Programme kennen, die bei den meisten Kameras vorhanden sind.

Im dritten Kapitel dieses Buches erfahren Sie,
- wie Sie die Standardautomatik Ihrer Kamera benutzen,
- wie Sie mit der Makroeinstellung umgehen,
- wie das Porträtprogramm funktioniert,
- wie Sie das Landschaftsprogramm einsetzen
- und wie Sie die Spezialprogramme Ihrer Kamera verwenden.

Kapitel-Wegweiser

Einfach nur Knipsen 24
Kleine Dinge ganz groß: Die Makroeinstellung 25
So funktioniert das Porträtprogramm 26
Natur pur: Landschaftsaufnahmen 27
Spezialprogramme für alle Gelegenheiten 29

Einfach nur Knipsen

Wie Sie bereits im ersten Kapitel gesehen haben, stellt es kein besonderes Problem dar, mit einer digitalen Kompaktkamera ein Foto zu machen. Kein Wunder, schließlich haben die Hersteller Jahre - teils Jahrzehnte - in die Entwicklung von Kameras investiert, die trotz einfacher Bedienbarkeit vorzeigbare Resultate erzeugen. Daher brauchen Sie heutzutage für ein gutes Bild nicht viel mehr als ein Motiv und etwas Geduld.

1 Wenn Sie ein Motiv gefunden haben, das Sie aufnehmen wollen, stellen Sie den Funktionsring der Kamera auf „Automatik“ und schalten die Kamera ein.

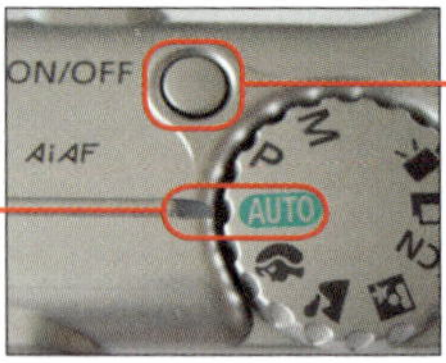

2 Anschließend visieren Sie das Motiv auf dem Monitor Ihrer Kamera oder - sofern vorhanden - mit dem Sucher an.

3 Sind Sie mit dem Bildausschnitt zufrieden, drücken Sie den Auslöseknopf

Gründliche Vorbereitung

Oft genug ist der auslösende Faktor, der schließlich zum Kauf einer Digitalkamera führt, ein familiäres Ereignis oder ein anderer spezieller Anlass, der dokumentiert werden soll. Dabei kommt es immer wieder vor, dass Anwender ihrer Kamera zu viel zutrauen und die Aufnahmen misslingen. Um dies zu verhindern, sollten Sie sich gründlich mit dem Handbuch Ihrer Kamera auseinandersetzen, um herauszufinden, welche Möglichkeiten sie Ihnen bietet. Oft lässt sich bereits vorausahnen, welche Lichtverhältnisse am Ort der Veranstaltung herrschen werden: Handelt es sich um einen Innenraum, findet die Veranstaltung im Freien statt, steigt die Fete tagsüber oder nach Einbruch der Dunkelheit? Die meisten Kameras bieten spezielle Programme für derartige Situationen. Also sollten Sie diese Programme gründlich kennen. Schließlich sollten Sie vor dem großen Ereignis eine Reihe von Testaufnahmen machen – im Idealfall unter den Bedingungen, die Sie erwarten. Vergessen Sie nicht: Digitalfotos kosten nichts, wenn Kamera und Zubehör erst einmal bezahlt sind.

leicht an und setzen damit die Automatik in Gang: Die Kamera nimmt nun alle notwendigen Einstellungen für Entfernung und **Belichtung** vor.

Sobald dies geschehen ist, wird Ihnen in der Regel mit einem kurzen Tonsignal oder einem grünen Diodenlicht signalisiert, dass die Kamera bereit ist. Jetzt drücken Sie einfach den Auslöser durch, und die Aufnahme wird gespeichert.

Kleine Dinge ganz groß: Die Makroeinstellung

Mit Digitalkameras können Sie in der Regel auch Motive aufnehmen, die sich nur wenige Zentimeter vor der Linse befinden. Im Gegensatz zu den anderen Spezialprogrammen, die meist spezifische Regeln für die automatische Einstellung von Entfernung und Belichtung darstellen, ist diese sogenannte Makrofunktion eine Funktion des **Objektivs**.

1 Um die Makrofunktion zu aktivieren, drücken Sie die Taste ●,

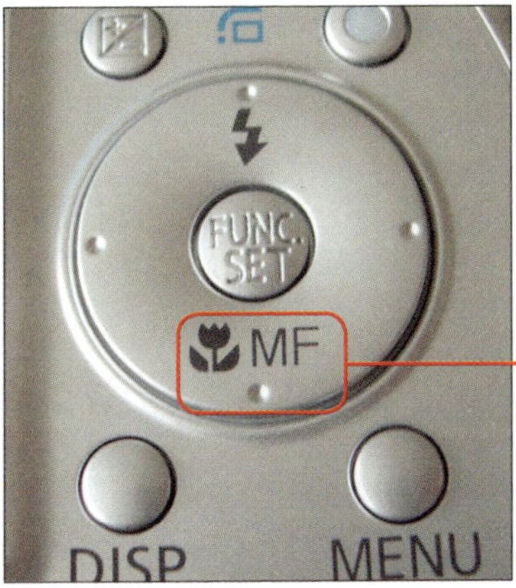

die mit einem Blumen-Logo gekennzeichnet ist. Sie befindet sich meist an der Gehäuse-Rückseite.

> **! Motiv-Tipp Makro**
>
> Zu den spannendsten Motiven von Makroaufnahmen gehören – das sehen Sie schon an den Beispielfotos auf der nächsten Seite – Blumen. Probieren Sie einfach mal aus, wie sich eine Schnittblume fotografieren lässt. Natürlich benutzen Sie dazu den **Makromodus** und ein Stativ. Damit sind die Gestaltungsmöglichkeiten aber noch lange nicht ausgereizt: Variieren Sie beispielsweise den Hintergrund, indem Sie die Blume wahlweise auf schwarzes oder weißes Papier legen. Oder experimentieren Sie mit der Beleuchtung: reines Tageslicht, einfaches Kunstlicht von einer klassischen Glühbirne oder künstliche Beleuchtung von einer modernen Dioden-Taschenlampe – alles ist möglich. Ein letzter Tipp: Benutzen Sie als Motiv Schnittblumen, die schon leicht verwelkt sind. In der Vase machen die zwar nicht mehr viel her, vor der Kamera allerdings offenbaren sie ungeahnte (Farb-)Qualitäten!

2 Normalerweise taucht anschließend ein entsprechendes Symbol auf dem Monitor Ihrer Kamera auf. Nun können Sie dem Motiv

deutlich näher kommen. Visieren Sie es an, und drücken Sie den Auslöser.

3 Sie werden feststellen, dass die Makroeinstellung einer besonders ruhigen Hand bedarf: Aufnahmen, die Sie mit dieser Funktion machen, verwackeln schnell. Hier ist der Einsatz eines Stativs dringend geboten. Damit lassen sich auch anspruchsvolle Lichtsituationen meistern, wie sie beispielsweise bei der Fotografie von Wassertropfen herrschen: ●.

So funktioniert das Porträtprogramm

Zur Standardausstattung einer Digitalkamera gehört auch ein Porträtprogramm. Hier geht es meist darum, einen Mitmenschen, der vergleichsweise regungslos in einem fest definierten Abstand vor der Kamera sitzt, möglichst vorteilhaft abzulichten. Wenn die Porträtfunktion eingestellt ist, wird das Motiv also unter besonderen Aspekten analysiert, um Schärfe und Belichtungszeit zu ermitteln.

1 Um ein Porträt aufzunehmen, sollten Sie die Person zunächst so hinsetzen, dass sie bequem sitzt und nicht ständig herumrutschen muss. Anschließend stellen Sie den Auswahlring der Kamera auf „Porträt" ●

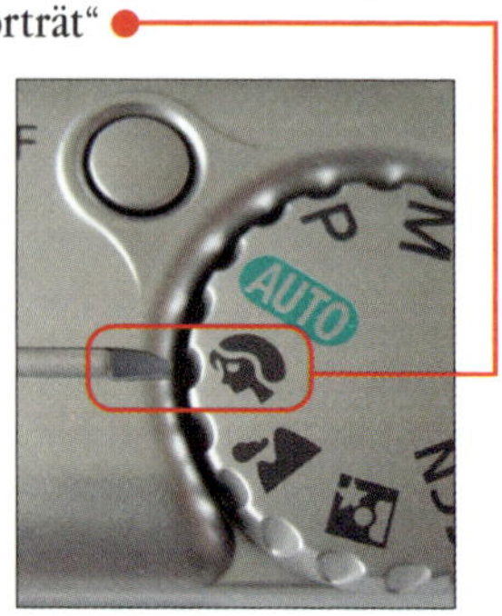

und schalten die Kamera ein.

2 Mithilfe des Kameramonitors bestimmen Sie nun den passenden Bildausschnitt, im Beispiel ●,

drücken dann den Auslöser zunächst leicht an, damit die Kameraautomatik einsetzt, und drücken ihn schließlich ganz durch, damit das Bild belichtet wird.

Motiv-Tipp Porträt

Ein Porträt sollte sich auf das Wichtigste konzentrieren: das Gesicht der Person und sonst nichts. Entsprechend eng sollten Sie den Bildausschnitt begrenzen. Dabei hilft Ihnen das **Zoom**-Objektiv: In der klassischen Fotografie gelten Tele-**Brennweite**n von etwa 70 bis 80 Millimetern als optimale Einstellungen für Porträts. Bezogen auf handelsübliche Digitalkameras heißt das, dass Sie den Zoom zu etwa zwei Dritteln der maximalen Tele-Brennweite nutzen.
Auch hier leistet ein Stativ unschätzbare Hilfe. Schließlich sollten Sie möglichst viele, stets leicht variierte Aufnahmen machen: Ein Porträt gilt als gelungen, wenn das dem Betrachter zugewandte Auge des Porträtierten scharf ist.

Natur pur: Landschaftsaufnahmen

Auch Landschaftsaufnahmen zählen zu den Motiven, die offenbar so beliebt sind, dass die meisten Hersteller ihren Digitalkameras ein spezielles Programm dafür mit auf den Weg geben. Genau wie beim Porträtprogramm handelt es sich beim Landschaftsprogramm um einen bestimmten Regelsatz, anhand dessen die Kameraautomatik Entfernung und Belichtung einstellt. Während sich die meisten Kameras bei ihren Porträtprogrammen auf die Bildmitte konzentrieren, versuchen sie sich beim Landschaftsprogramm auf die Horizontlinie zu konzentrieren.

1 Wenn Sie eine Landschaft entdeckt haben, die Sie gern fotografieren möchten, sollten Sie zunächst den optimalen Standpunkt für Ihre Aufnahme suchen. Daraufhin drehen Sie den Auswahlring der Kamera auf „Landschaft" ●

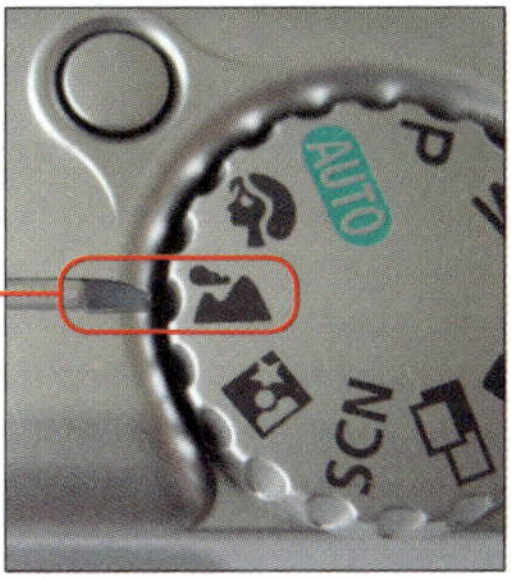

und schalten die Kamera ein.

2 Abermals bestimmen Sie den Bildausschnitt, drücken den Auslöser leicht an, bis die Kamera Ihnen signalisiert, dass sie nun aufnahmebereit ist, und drücken schließlich ab.

3 Zur Sicherheit sollten Sie anschließend noch eine Aufnahme desselben Motivs mit der Standardautomatik

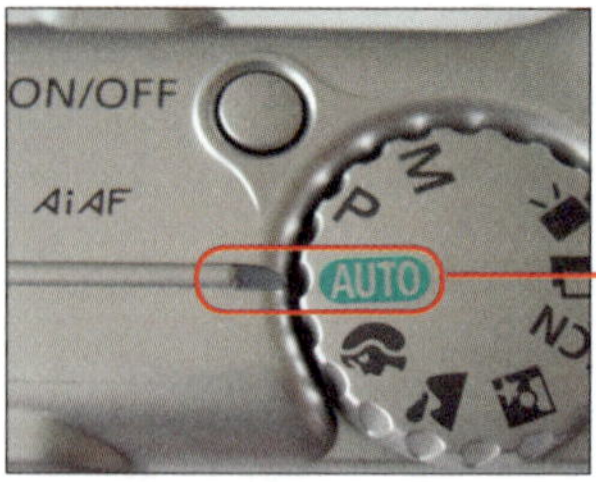

machen. Während sich das Landschaftsprogramm auf die Horizontlinie konzentriert, bemüht sich die Standardautomatik, ein Motiv als Ganzes zu betrachten, und kommt daher meist zu anderen Ergebnissen. Falls Sie also irgendwelche

Motiv-Tipp Landschaft

Es gibt nichts Langweiligeres als eine Landschaftsaufnahme, die nach dem altbekannten Motto „Das Wichtige muss in die Mitte!" aufgenommen wurde. Eine Horizontlinie, die das Bild in der Mitte durchschneidet, wird dem Betrachter kaum ein müdes Lächeln entlocken. Erheblich dramatischer und interessanter wird die Sache, wenn Sie die Horizontlinie ins obere – oder untere – Drittel des Bildes verlegen. Gibt es im Vordergrund noch Interessantes zu sehen, legen Sie den Horizont nach oben. Bietet der Himmel eine malerische Wolkenkonstellation, liegt der Horizont natürlich unten. Machen Sie in beiden Fällen genug Aufnahmen, um sicherzustellen, dass das Ergebnis Ihren Vorstellungen entspricht.

Details im Vordergrund

dokumentieren wollen, ist die Standardautomatik möglicherweise die bessere Wahl.

Spezialprogramme für alle Gelegenheiten

Nun kennen Sie die wichtigsten Kameraautomatiken, die wahrscheinlich in jeder modernen Digitalkamera zu finden sind. Darüber hinaus schmücken sich die Hersteller von Digicams aber auch gern mit Spezialprogrammen. Diese unterscheiden sich von Hersteller zu Hersteller und von Kamera zu Kamera deutlich, sodass es an dieser Stelle wenig Sinn macht, auf Details einzugehen.

1 Während einige Hersteller - etwa Sony - in der Regel möglichst viele dieser Spezialprogramme auf dem Auswahlring auf der Kameraoberseite unterbringen, geht Canon bei der PowerShot A 530 einen einfacheren Weg: Der Auswahlring weist lediglich die Position

aus. SCN steht für „special scenery", großzügig übersetzt: spezielle Aufnahmesituationen.

2 Wenn Sie den Auswahlring in die entsprechende Position bringen, können Sie mit den Richtungstasten

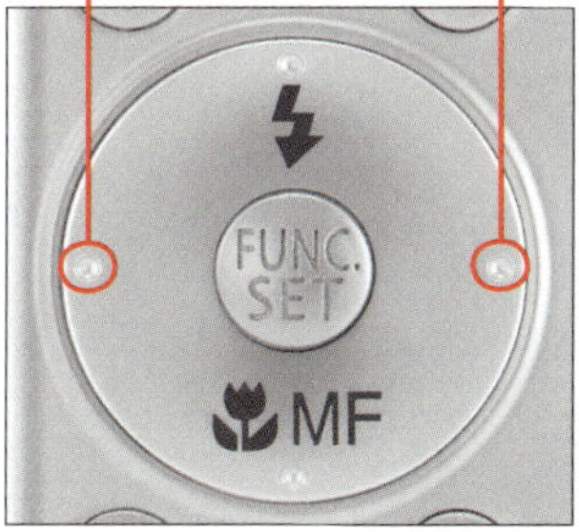

auf der Kamerarückseite zwischen den unterschiedlichsten Spezialprogrammen wählen.

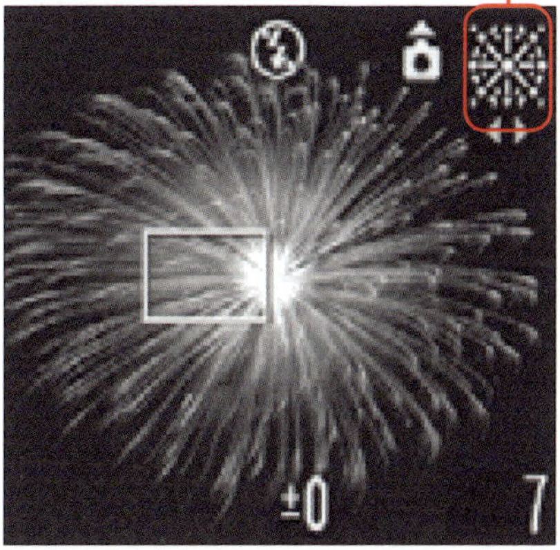

Wie gesagt: Die Auswahl und Zusammenstellung dieser Spezialprogramme sowie deren Funktionsweise ist jedem Hersteller selbst überlassen. Ein Blick ins Handbuch Ihrer Kamera hilft Ihnen gewiss weiter.

3 Achten Sie dabei besonders auf Programme wie „Kinder und Tiere“: .

Diese Programme helfen Ihnen nämlich oft genug auch in Situationen, die mit Kindern und Tieren gar nichts zu tun haben. Zum Beispiel bei Motiven, die einfach nicht stillhalten wollen - und das können genauso gut Rennwagen oder Springreiter sein.

4 Interessant sind schließlich auch Programme, die mit „Schnee“ oder „Strand“ gekennzeichnet sind: Hier geht es in aller Regel um Situationen, in denen mit hohen UV-Licht-Anteilen zu rechnen ist, weil viel Wasser auf dem Motiv zu sehen ist.

4 So tricksen Sie die Automatik aus

Die Standardautomatik Ihrer Kamera hilft Ihnen in den meisten Situationen, ansehnliche Fotos zu machen. Zudem gibt es, wie Sie im letzten Kapitel gesehen haben, noch spezielle Automatik-Programme, die ebenfalls zu vorzeigbaren Ergebnissen führen. Leider haben all diese Programme einen Nachteil: Sie gehen stets davon aus, dass Sie auch Standardbilder machen wollen. Bilder also, die eine einigermaßen ausgewogene Verteilung von Licht und Schatten aufweisen. Bilder, die in ihrem Aufbau nicht vom Konventionellen abweichen, und so fort.

Wenn Sie allerdings einen besonderen Bildaufbau erproben möchten oder ein paar dramatische Licht- oder Schatteneffekte setzen wollen, kommen Sie mit der Kamera-Automatik nicht weiter. Zum Glück müssen Sie jetzt nicht zur teuren digitalen Spiegelreflexkamera greifen. Denn wenn Sie sich ein wenig mit der Funktionsweise Ihrer preiswerten Digicam vertraut gemacht haben, werden Sie feststellen, dass Sie Ihre Bilder auch damit kreativ gestalten können.

Im vierten Kapitel dieses Buches erfahren Sie,
- wie Sie die Messmethoden Ihrer Kamera zur Bildgestaltung nutzen,
- welche Möglichkeiten das **Zoom-Objektiv** bietet,
- wie Sie die Empfindlichkeit der Kamera beeinflussen
- und welche Wirkungen Sie mit unterschiedlicher Belichtungszeit erzielen können.

Kapitel-Wegweiser

So sieht Ihre Kamera die Welt 32
Professionelles Zoomen 34
So nutzen Sie die Lichtempfindlichkeit 36
Variationen: Spielereien mit der Belichtung 38

So sieht Ihre Kamera die Welt

Digitale Kompaktkameras gehen grundsätzlich davon aus, dass sie in Standardsituationen zum Einsatz kommen und mit Standardmotiven konfrontiert werden. Das heißt, dass das Motiv in der Mitte des Bildes stets als besonders wichtig erachtet und daher auch einigermaßen gleichmäßig belichtet wird. Bildelemente, die allerdings außerhalb dieses Bereichs liegen, können falsch belichtet werden. Ebenso kann es passieren, dass starke Helligkeitsunterschiede nicht korrekt wiedergegeben werden.

1 Hier sehen Sie ein Motiv, das es in sich hat: Die helle Skulptur ● steht zwischen Pflanzen, die links davon gut beleuchtet sind. Rechts davon sehen Sie allerdings starke Schatten ●.

Eine harte Nuss für die Belichtungsautomatik.

2 So etwa sieht Ihre Kamera das Motiv: Sie kümmert sich nur um die Bildmitte. Hier dominiert das Weiß der Skulptur ●,

was einerseits dazu führt, dass die weniger hellen Elemente dunkler dargestellt werden. Andererseits hat es aber auch zur Folge, dass die Oberflächenstruktur der Skulptur recht verwaschen wirkt.

3 Der Trick besteht nun darin, dass Sie mit der Kamera bewusst die Motivelemente anvisieren, die Sie betonen möchten, auch wenn diese später nicht im Zentrum des Bildes stehen sollen. Zielen Sie auf das entscheidende Element, und drücken Sie dann den Auslöser der Kamera so weit an, dass die Belichtungsautomatik alle erforderlichen Einstellungen vornehmen kann. Ist das erledigt, richten Sie die Kamera neu aus, um den gewünschten Bildaufbau zu finden. Dabei dürfen Sie allerdings den Auslöser nicht loslassen. Hierdurch werden die Einstellungen sozusagen arretiert. Stimmt der Ausschnitt, drücken Sie den Auslöser ganz durch. Die Kamera nimmt das Bild dann mit den Einstellungen auf, die sie zuvor errechnet hat.

In obigem Beispiel wurde die Kamera zunächst auf die Skulptur gerichtet, was dazu führte, dass deren Oberflächenstruktur und Zeichnung sehr viel deutlicher betont wurden, während das umgebende Blattwerk recht dunkel geraten ist.

4 Zum Vergleich: Im Beispielfoto unten wurde die Kamera zunächst auf das Blattwerk ausgerichtet. Dann wurde dasselbe Motiv erneut aufgenommen: Nun erscheint die Skulptur hell und eher verwaschen, weil sie leicht überbelichtet ist. Das Blattwerk dagegen weist die richtige Helligkeit aus und zeichnet scharf.

5 Wenn Sie die Kamera auf ein Motiv richten und den Auslöser leicht andrücken, werden nicht nur die Belichtungswerte bestimmt, sondern auch die korrekte Entfernung berechnet und das Objektiv entsprechend eingestellt. Mit dem folgenden Trick lässt sich auch die Entfernungsautomatik überlisten: Im Beispielfoto, das Sie in der rechten Spalte sehen, wurde die Kamera zunächst auf die Gräser rechts unten im Bild ausgerichtet. Diese zeichnen scharf, während Strand und Horizont verschwommen erscheinen.

Professionelles Zoomen

Auch das Zoom-Objektiv Ihrer Kamera bietet eine Reihe von Möglichkeiten zur kreativen Bildgestaltung: Mit der eingestellten **Brennweite** verändert sich nämlich die Tiefenwirkung des Bildes.

1 Unten sehen Sie ein architektonisches Ensemble, das mit der maximalen Weitwinkeleinstellung, die beim Einschalten der Kamera grundsätzlich aktiv ist, aufgenommen wurde. Bezogen auf das klassische Kleinbildformat entspricht dies einer Brennweite von etwa 35 Millimetern. Diese Brennweite bietet dem Betrachter den Eindruck besonderer perspektivischer Tiefe:

2 Das nächste Bild wurde mit einer Brennweite, die bei etwa 50 Millimetern (Kleinbild) liegt, aufgenommen. Dies entspricht ungefähr der Brennweite des menschlichen Auges. Der Raumeindruck ist deutlich weniger ausgeprägt:

3 Bild Nummer drei wurde mit einer Brennweite von zirka 85 Millimetern (Kleinbild) aufgenommen. Diese leichte Tele-Brennweite verflacht das Bild weiter, lässt aber noch eine gewisse Tiefe des Mo-

tivs erahnen und erfreut sich unter Porträtfotografen besonderer Beliebtheit.

4 Hier nun eine Aufnahme mit maximaler Tele-Brennweite von etwa 105 Millimetern (Kleinbild): Der Tiefeneindruck ist fast völlig verschwunden, und die Gebäudeteile scheinen nicht mehr hintereinander zu stehen, sondern wirken so, als ob sie übereinander gestapelt wären.

5 Wie Sie sehen, dient das Zoom-Objektiv nicht dazu, gehfaulen Fotografen lästige Wege abzunehmen. Vielmehr geht es darum, einem geplanten Bild den gewünschten Raumeindruck zu vermitteln. So wurde beim Bild unten die minimale Brennweite von 35 Millimetern (Kleinbild) genutzt, um die Weite der Niederrhein-Landschaft möglichst effektvoll zu inszenieren:

6 Bei der letzten Aufnahme in diesem Abschnitt wurde dagegen bewusst die maximale Tele-Brennweite gewählt. Dadurch entstand ein eher flächiger Raumeindruck, der die Bäume, die eigentlich ziemlich weit hinter der Figur stehen, näher an das Motiv heranrückt.

So nutzen Sie die Lichtempfindlichkeit

Eine weitere Möglichkeit, die Kamera-Automatik auszutricksen oder zumindest zu Ihrem Vorteil zu nutzen, besteht darin, die Lichtempfindlichkeit der Kamera zu verändern. In der klassischen - chemischen - Fotografie wurde diese Empfindlichkeit ausschließlich vom verwendeten Filmmaterial bestimmt. In der digitalen Fotografie haben Sie endlich die Möglichkeit, die Empfindlichkeit zu verändern, ohne deswegen gleich einen Film wechseln zu müssen. Wie auch? Es gibt ja keine Filme mehr.

Die Einstellung der Empfindlichkeit funktioniert bei den diversen Kameras extrem unterschiedlich. Deshalb kann sie bei Ihrer Kamera völlig anders ablaufen als bei der Canon PowerShot A 530. Im Zweifelsfall orientieren Sie sich am Handbuch der Kamera.

1 Um bei der PowerShot die Empfindlichkeit zu verändern, stellen Sie zunächst den Auswahlring auf die Stellung „P" und schalten anschließend die Kamera ein.

2 Als Nächstes drücken Sie auf der Kamerarückseite die Taste.

Daraufhin erscheint auf dem Kamera-**Monitor** ein Auswahlmenü, in dem Sie mit den Richtungstasten nach oben bzw. unten den Punkt „**ISO**" auswählen. Hier ist - wie bei den meisten digitalen Kompaktkameras - die Option „Auto",

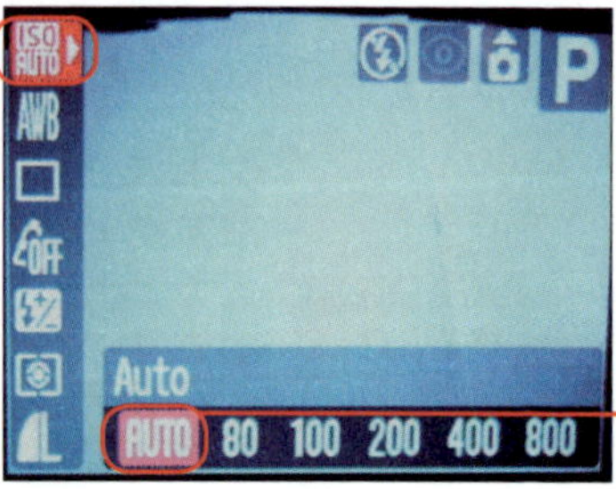

also die automatische Empfindlichkeitseinstellung, standardmäßig vorausgewählt.

3 Sie können diese Einstellung aber auch ändern. Dabei orientieren Sie sich an den Fakten, die Sie vielleicht schon aus der herkömmlichen Fotografie kennen:

- ISO 100 nutzt man bei hellem Wetter im Freien,
- ISO 200 empfiehlt sich als Allround-Empfindlichkeit,
- und ISO 400 wird bei knappem Licht in Innenräumen oder in der Dämmerung empfohlen.

Mit den Auswahltasten können Sie hier die gewünschte Empfindlichkeit einstellen. Die PowerShot A 530 bietet Ihnen als Mindest-Empfindlichkeit ISO 80

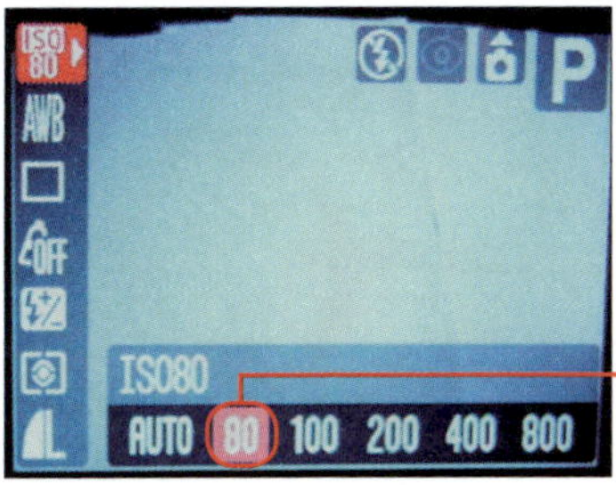

und als maximale Empfindlichkeit ISO 800.

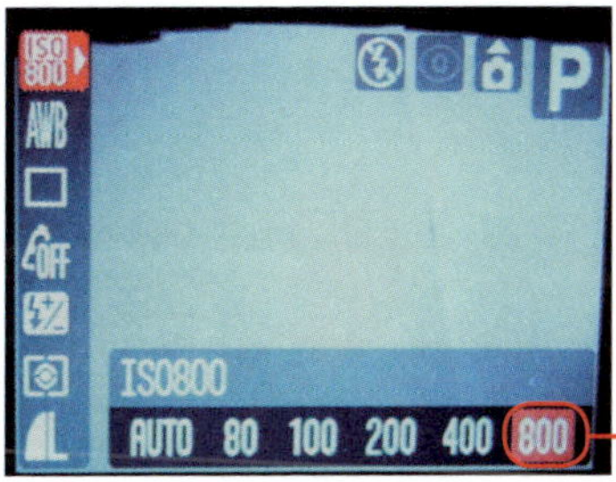

Achtung: Bildrauschen!

Bedenken Sie bei der Auswahl der Empfindlichkeit, dass die digitale Fotografie diese Eigenschaft von der herkömmlichen Fotografie geerbt hat: Je höher die Empfindlichkeit, desto schlechter die Bildqualität. Geändert hat sich lediglich die Bezeichnung: Früher führten zu hohe Film-Empfindlichkeiten zu einer „zu großen Körnigkeit" – heute spricht man vom „Bildrauschen".

4 Was aber soll die Veränderung der Empfindlichkeit eigentlich bringen? Ganz einfach: Je weniger empfindlich ein Film ist, desto länger muss die Automatik das Bild belichten. Das hat zur Folge, dass Bilder, die mit ISO 800 aufgenommen werden, zwar kaum noch verwackeln können, allerdings deutliches „Rauschen" aufweisen:

5 Bilder hingegen, die mit ISO 80 aufgenommen werden, sind fast immer verwackelt. Um das zu vermeiden, sollten Sie unbedingt ein Stativ benutzen. Dafür bieten sie aber eine exzellente Bildqualität.

Variationen: Spielereien mit der Belichtung

Nicht nur die Empfindlichkeit, auch die automatische Belichtung können Sie beeinflussen und damit zur gezielten Bildgestaltung nutzen. Einige Kompaktkameras bieten ihren Anwendern dazu die sogenannte Auto-Bracketing-Funktion an. Dabei wird jedes Bild nicht nur einmal, sondern gleich dreimal belichtet: einmal mit der Belichtung, die die Automatik ermittelt hat, einmal mit einer leichten Überbelichtung und einmal mit einer leichten Unterbelichtung. Dabei ergeben sich oft sehr interessante Farbeffekte. Leider bieten nicht alle digitalen Kompaktkameras diese Möglichkeit. Allerdings lässt sich dieser Effekt meist auch „von Hand" erreichen - wie bei der PowerShot A 530.

1 Bringen Sie als Erstes den Auswahlring in die Stellung „P",

und schalten Sie die Kamera ein.

2 Danach drücken Sie auf der Kamerarückseite die Taste „+/-".

Daraufhin sehen Sie auf dem Monitor der Kamera eine kleine Skala, die den aktuellen Status der Belichtungskorrektur anzeigt. Diese steht zunächst bei Null: ●.

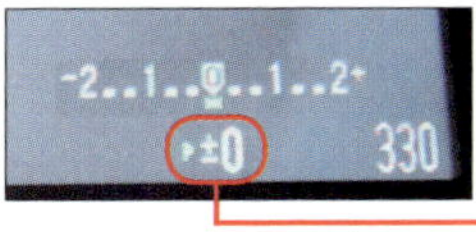

3 Um nun die Belichtung zu korrigieren, können Sie den Zeiger der Skala mit den Richtungstasten ● und ●

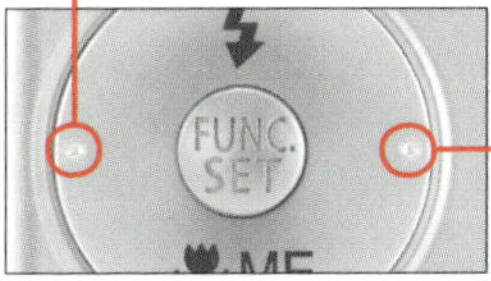

auf der Kamerarückseite verschieben. Wenn Sie eine leichte Unterbelichtung wünschen, stellen Sie den Zeiger der Skala auf den Wert „-1“ ●.

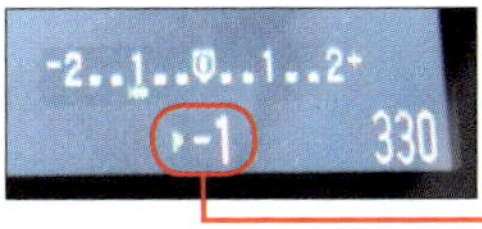

4 Die Veränderung der Belichtungswerte wird am deutlichsten, wenn nur noch wenig Licht zur Verfügung steht, etwa kurz vor Sonnenuntergang.

5 Gehen Sie bei der Belichtungskorrektur behutsam vor. Um bemerkenswerte Effekte zu erzielen, reichen oft schon wenige Schritte. So wurde der dramatische Effekt im Beispielbild unten durch eine Reduktion der Belichtung um 2/3 Schritte erzielt (die Skala zeigt in diesem Fall also „-2/3“ an).

6 Ebenso reicht es, die Belichtung um 2/3 zu verlängern, damit das Motiv deutlich transparenter wirkt.

5 Bilder von der Kamera in den PC kopieren

Bislang haben Sie erfahren, wie Sie Bilder in Ihre Kamera „hineinbekommen“ - doch dort können sie natürlich nicht bleiben. Im Gegenteil: Ihre Digitalfotos gehören auf die Festplatte Ihres PCs, und Sie sollten sich bemühen, diese Übertragung jeweils so rasch wie möglich vorzunehmen. Denn wenn Sie das nächste Mal auf Fotopirsch gehen, sollte eines möglichst nicht passieren: dass Sie vor dem Motiv Ihrer Träume stehen und nicht abdrücken können, weil das **Speichermedium** Ihrer Digicam keinen Raum mehr für neue Aufnahmen lässt...

Wenn Sie die Bilder, die sich in Ihrer Kamera angesammelt haben, auf die Festplatte Ihres PCs überspielen, wäre eine strukturierte Ablage hilfreich. Schließlich finden Sie die Bilder später wesentlich leichter wieder, wenn Sie sie von vornherein sortiert gespeichert haben.

Im fünften Kapitel dieses Buches erfahren Sie,

- wie Sie die Bilder aus Ihrer Kamera per **USB**-Kabel zum PC übertragen,
- wie Sie Bilder direkt vom Speichermedium zum PC kopieren
- und wie Sie Ihre Bilder von Anfang an sinnvoll sortieren.

Kapitel-Wegweiser

So übertragen Sie Ihre Bilder per USB-Kabel 41
Daten direkt vom Speichermedium beziehen 43
Fotos von der Kamera auf die Festplatte kopieren 44
So schaffen Sie Ordnung für Ihre Fotos 47

So übertragen Sie Ihre Bilder per USB-Kabel

Um Ihre Bilder direkt auf die Festplatte Ihres PCs zu bekommen, haben Sie zwei einfache Möglichkeiten: Entweder Sie verbinden die Kamera per Kabel mit Ihrem Rechner, oder Sie verbinden das Speichermedium Ihrer Digicam mit dem PC.

Der Vorteil der Kabelverbindung besteht darin, dass diese auch dann hergestellt werden kann, wenn Ihre Kamera ein nicht so weit verbreitetes Speichermedium nutzt. Die Verbindung des Speichermediums dagegen ist meist die schnellste und einfachere Lösung.

1 Wenn Sie Ihre Kamera per Kabel mit dem PC verbinden möchten, brauchen Sie natürlich erst mal das passende Kabel. Dieses Kabel gehört zum Lieferumfang Ihrer Kamera und ist in aller Regel ein USB-Kabel mit zwei verschiedenen Steckern an den Enden:

> **Achtung beim kleinen Stecker**
>
> Die Verbindungskabel von Digitalkameras sind nicht genormt: Zwar findet der – größere – USB-Stecker seinen Platz in jeder USB-Buchse eines jeden PCs. Doch der kleinere Stecker kann je nach Kamera unterschiedliche Größen aufweisen. Versuchen Sie also nicht mit Gewalt, das Verbindungskabel einer anderen Kamera mit Ihrer eigenen zu verbinden.

Der größere Stecker ● passt an Ihrem PC in eine USB-Buchse, der kleinere ● findet Aufnahme in der Kamera.

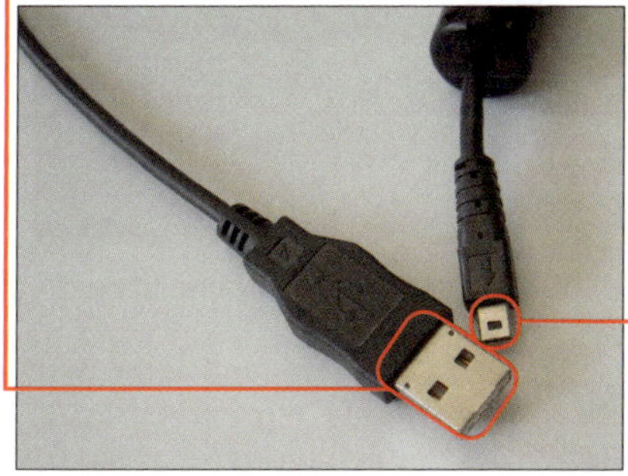

2 Zuerst verbinden Sie das „dickere Ende" des Verbindungskabels mit einem freien USB-Steckplatz an Ihrem PC: ●.

3 Dannach verbinden Sie den kleineren Stecker Ihres Verbindungskabels mit

der Buchse in Ihrer Kamera ●,

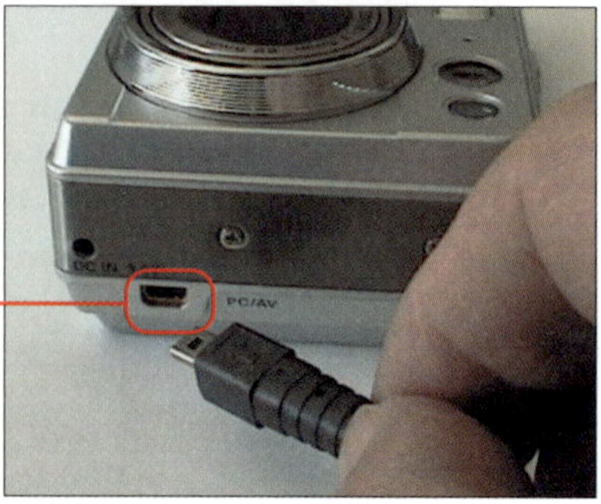

und schalten diese anschließend ein.

4 Je nach Kameramodell sollte Windows auf dem PC nun ein Fenster öffnen, in dem Sie gefragt werden, was das System mit den Daten anfangen soll, die es in Ihrer Kamera gefunden hat. Klicken Sie hier auf die Option ●.

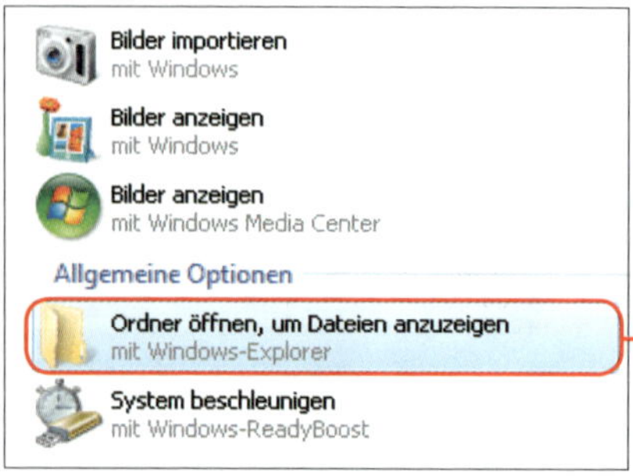

5 Daraufhin öffnet Windows das Speichermedium in Ihrer Kamera und zeigt seinen Inhalt - die Bilder - fortan in einem Dateifenster an, als wäre das Speichermedium in der Kamera ein weiteres Laufwerk des PCs: ●.

Übertragung mit Bordmitteln

Zu jeder Digitalkamera gehören in der Regel verschiedene Hilfsprogramme, die Ihnen den Umgang mit dieser Kamera erleichtern sollen. Neben einfachen Bildbearbeitungsprogrammen gibt es grundsätzlich auch eine Software, die für die Übertragung von Bildern aus der Kamera zur Festplatte sorgen soll. Einige dieser Programme mögen durchaus Vorzüge haben, allen jedoch ist eines gemeinsam: Sie sind umständlich, benötigen oft deutlich mehr Zeit, als für diese einfache Aufgabe eigentlich nötig wäre, und – auch das passiert leider oft genug – sie bremsen Ihren PC spürbar aus. Und das nicht nur während der eigentlichen Datenübertragung, sondern auch dann, wenn die Kamera friedlich in der Tasche ruht und Sie Ihren PC eigentlich für ganz andere Aufgaben nutzen wollen.
Daher sind Sie zumeist gut damit beraten, die mitgelieferte Übertragungssoftware erst gar nicht zu installieren. Stattdessen verlassen Sie sich auf die Fähigkeiten des Betriebssystems Windows: Die Datenübertragung mit Windows ist in den meisten Fällen einfacher und in allen Fällen schneller.

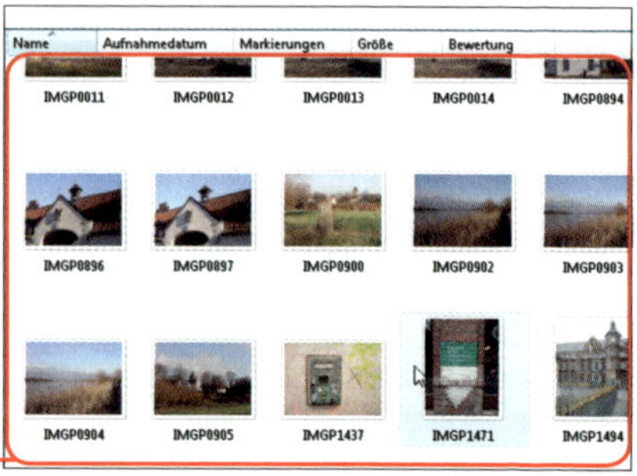

Daten direkt vom Speichermedium beziehen

Sofern Ihre Digitalkamera mit einem Speichermedium arbeitet, das sehr verbreitet ist - beispielsweise SD-Karten oder CF-Karten -, können Sie die Übertragung noch einfacher gestalten, indem Sie die Speicherkarte direkt in den Computer stecken: Die meisten PCs, die heute verkauft werden, verfügen standardmäßig über Einschubplätze für die häufigsten Kartentypen: ●.

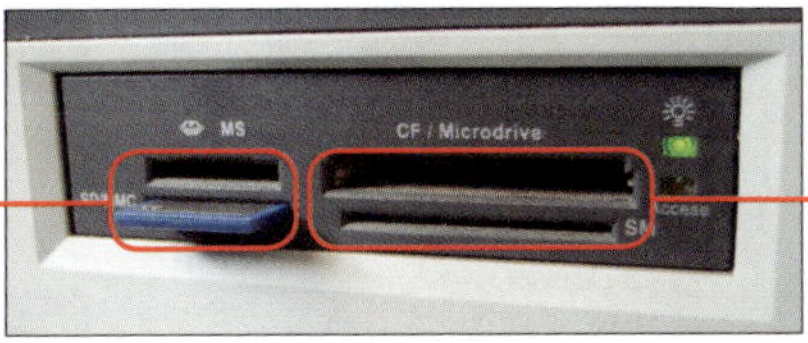

1 Sollte Ihr Rechner nicht über derartige Einschubplätze verfügen, können Sie sich diesen Komfort für wenig Geld auch nachträglich besorgen: Im Computerfachhandel gibt es für unter zwanzig Euro Universal-Kartenleser ●,

die sich per USB-Schnittstelle mit dem PC verbinden lassen. Diese preiswerten Geräte können die unterschiedlichsten Speichermedienformate lesen und Ihrem PC zu Verfügung stellen.

2 In aller Regel reicht es aus, den USB-Stecker des Kartenlesers ● mit einer freien USB-Buchse Ihres Rechners zu verbinden und eine Speicherkarte ●

in den Kartenleser zu stecken.

3 Ob Sie Ihre Speicherkarte nun in einen vorbereiteten Steckplatz Ihres PCs oder in einen Universal-Kartenleser, wie in Schritt 2 gezeigt, stecken - das Ergebnis bleibt sich gleich: Windows erkennt einen neuen Wechseldatenträger und erkundigt sich bei Ihnen, wie es mit dessen Inhalt verfahren soll. Klicken Sie wieder auf den Befehl ●.

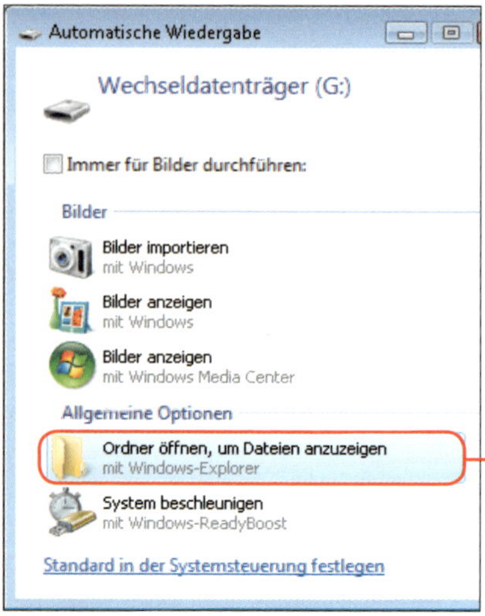

4 Nachdem Sie die Option „Ordner öffnen" angeklickt haben, zeigt Windows den Inhalt des Wechseldatenträgers in einem neuen Explorer-Fenster an: ●.

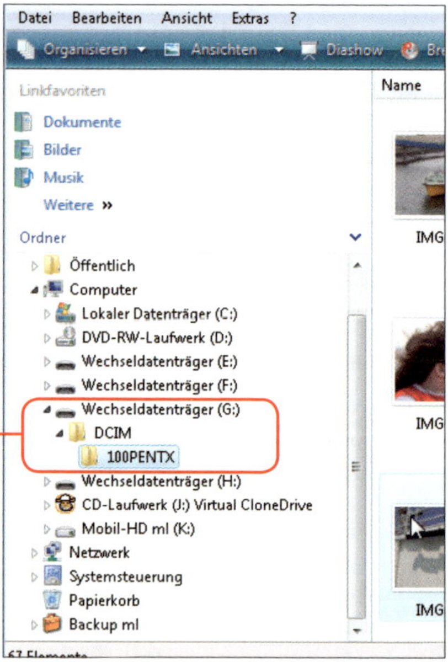

Fotos von der Kamera auf die Festplatte kopieren

Ganz gleich, mit welcher der beiden soeben beschriebenen Methoden Sie Ihre Bilder übertragen: Für Windows sieht es so aus, als sei es mit einem neuen Wechseldatenträger verbunden worden. Anschließend zeigt es Ihnen den Inhalt des Wechseldatenträgers an. Nun müssen Sie nur noch dafür sorgen, dass die Bilder von der Kamera oder dem Speichermedium auf Ihre Festplatte gelangen.

1 Dazu sollten Sie als Erstes einen neuen Ordner für Ihre Fotos anlegen. Windows hat zu diesem Zweck bereits bei der Installation des Betriebssystems automatisch einen Standardordner erstellt: ●.

In diesem Ordner finden Sie zunächst nur einen Unterordner mit „Beispielbildern" ●, dessen Inhalt Microsoft spendiert hat.

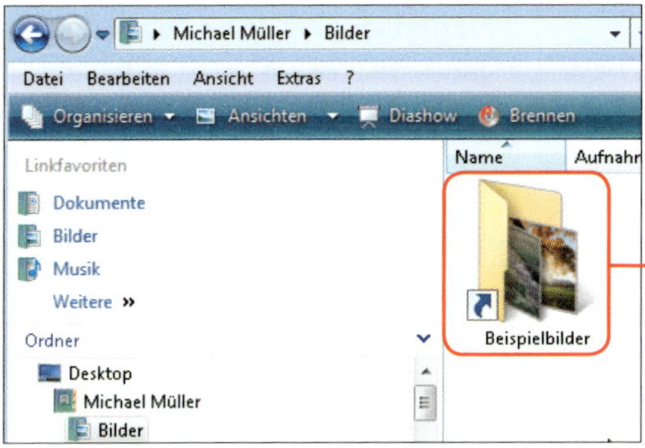

2 Um hier nun einen neuen Ordner beziehungsweise einen weiteren Unterordner anzulegen, klicken Sie mit der rechten (!) Maustaste in das Explorer-Fenster des Ordners „Bilder": ●. Daraufhin öffnet Windows ein Kontextmenü, in dem Ihnen verschiedene Funktionen angeboten werden. Klicken Sie hier auf ●

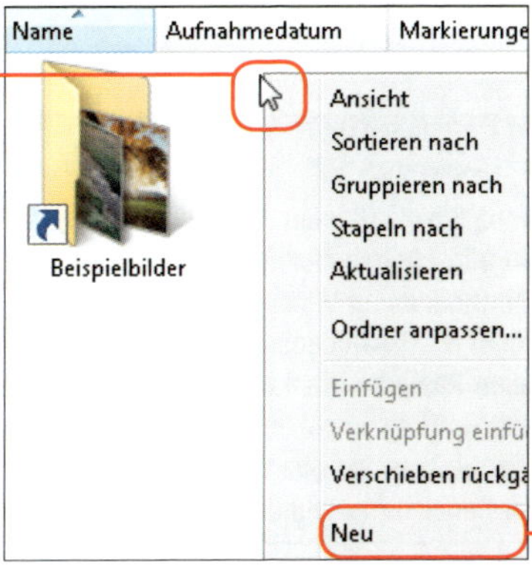

und im nächsten Fenster auf den Eintrag ●.

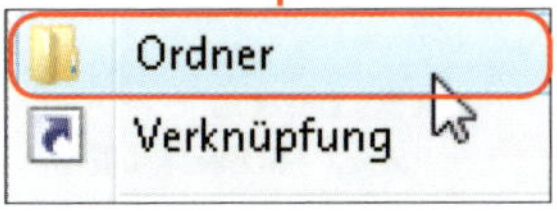

3 Nun erscheint das Symbol für einen neuen Unterordner im Ordnerfenster „Bilder". Allerdings hat der neue Unterordner noch keinen aussagekräftigen Namen: ●.

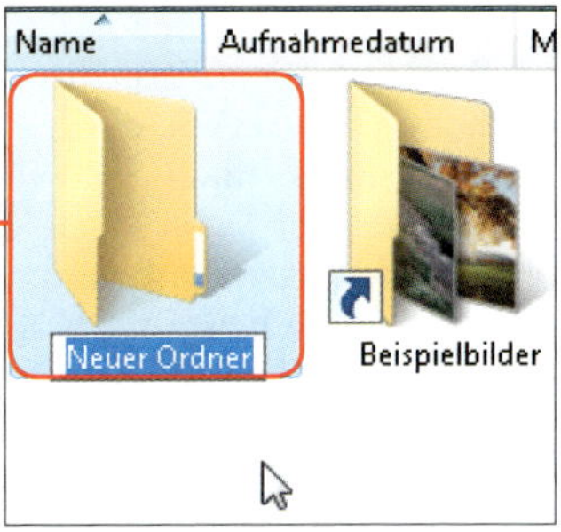

Wenn Sie dies ändern wollen, überschreiben Sie den bereits markierten Text einfach mit einem Namen Ihrer Wahl, im Beispiel ●.

4 Klicken Sie jetzt auf das Symbol des neuen Ordners ●,

zeigt Ihnen der **Windows-Explorer** einen leeren Ordner an: ●.

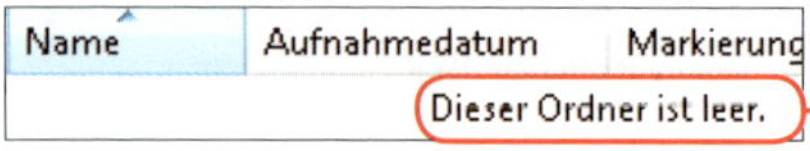

5 Anschließend öffnen Sie ein Explorer-Fenster mit dem Inhalt Ihres Speichermediums (siehe etwa Schritt 4 des vorigen Abschnitts) und verschieben beide Fenster mit der Maus so auf dem Windows-Desktop, dass Sie beide neben- oder übereinander sehen können. Klicken Sie danach in das Fenster mit den Bildern, und drücken Sie dann die Tastenkombination Strg A. Damit sind alle Bilder auf dem Speichermedium markiert: ●.

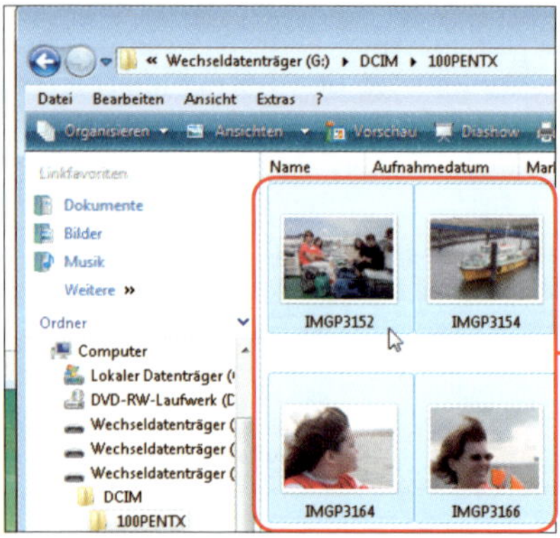

6 Als Nächstes klicken Sie auf eines der markierten Bilder, halten die Maustaste gedrückt und ziehen die Bilder mit weiterhin gedrückter Maustaste in das leere Fenster, das den Inhalt des neuen Unterordners auf Ihrer Festplatte anzeigt. Lassen Sie die Maustaste nun los, kopiert Windows alle Bilder vom Speichermedium in Ihren Ordner: ●.

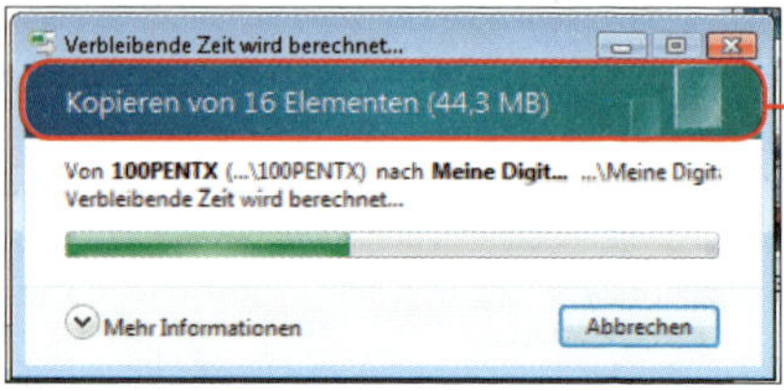

7 Damit auf Ihrem Speichermedium jetzt wieder Platz für neue Bilder entsteht, klicken Sie abermals in das Fenster, in dem die Fotos anzeigt werden (siehe Schritt 5), und markieren noch einmal alle Dateien mit Strg A. Drücken Sie anschließend auf die Entf-Taste. Windows fragt nun an, ob Sie alle Dateien wirklich löschen wollen.

! Löschen ist endgültig

Wenn Sie die Dateien von Ihrem Speichermedium löschen, bedenken Sie, dass das Speichermedium für Windows ein Wechseldatenträger ist. Das bedeutet: Für diese Daten steht keine Papierkorbfunktion zur Verfügung, die eine Rettung versehentlich gelöschter Daten erlaubt. Was Sie hier löschen, bleibt also in der Regel verschwunden.

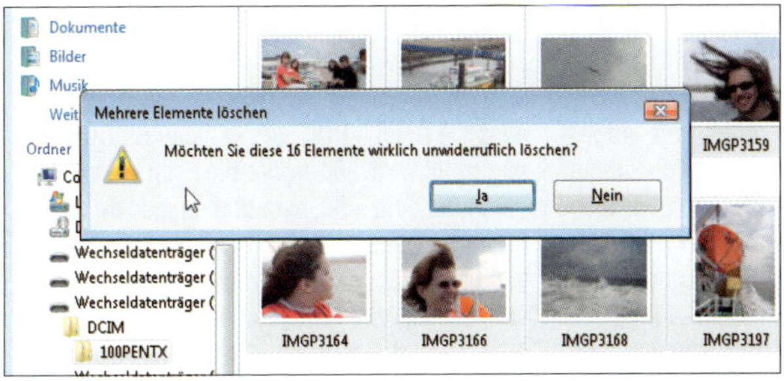

Bestätigen Sie dies mit einem Mausklick auf

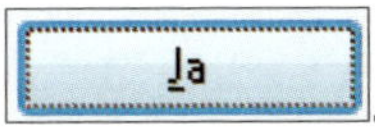

.

8 Mit dem Löschen Ihrer Fotos haben Sie zwar Platz auf Ihrem Speichermedium geschaffen, doch das ist bisweilen nicht genug: Der Löschvorgang lässt - je nach Kameramodell - mitunter Datenreste übrig, die nicht überschrieben werden können. Um dies zu verhindern, sollten Sie das Speichermedium in regelmäßigen Abständen in der Kamera neu formatieren. Dies geschieht bei den meisten Kameras über das Werkzeugmenü.

Wie die Menüstruktur Ihrer Kamera aussieht, entnehmen Sie der Bedienungsanleitung.

So schaffen Sie Ordnung für Ihre Fotos

Damit sind Ihre Fotos endlich da angekommen, wo sie hingehören: auf der Festplatte Ihres PCs. Nun wäre eigentlich alles klar. Allerdings erweist sich der Hauptvorteil der Digitalfotografie hier rasch als Nachteil: Da es - sind Kamera und Speichermedium erst einmal bezahlt und die Akkus aufgeladen - praktisch nichts kostet, Fotos zu machen, sammeln sich sehr schnell sehr viele Fotos auf einer Festplatte an.

1 Um die Tausende von Digitalfotos, die sich hier zweifellos bald ansammeln werden, überhaupt gezielt finden zu können, empfiehlt es sich, sie nicht alle im selben Ordner abzulegen, sondern in unterschiedliche Ordner zu kopieren.

2 Legen Sie zunächst für jedes Jahr einen eigenen Ordner an, wie in den Schritten 2 und 3 auf Seite 45 gezeigt.

So ordnet Windows

Es ist sinnvoll, nach jeder Fototour die aufgenommenen Bilder so bald wie möglich auf die Festplatte zu übertragen. Daher bietet es sich auch an, die Bilder in Unterordnern mit dem jeweiligen Aufnahmedatum zu speichern.
Hier tut sich allerdings ein kleines Problem auf: Windows ist es gewohnt, Dateien und Ordner streng nach alphanumerischer Reihenfolge zu sortieren. Das heißt zum einen, dass die Datei A.DOC vor der Datei B.DOC etc. angezeigt wird. Für Ordner, die nach Kalenderdaten benannt sind, bedeutet es jedoch, dass der Ordner „05-11-06“ (mit Bildern vom 5. November 2006) *vor* dem Ordner mit den Bildern vom 25. Oktober desselben Jahres angezeigt wird, denn der trägt den Namen „25-10-06“. Für die Übersicht ist dies nicht sonderlich hilfreich.

3 Das ist zwar ein erster Schritt, hilft allerdings noch nicht weiter, wenn zum Beispiel die Bilder vom 12. Oktober vor denen vom 2. Dezember angezeigt werden sollen (siehe dazu den obenstehenden Kasten). Um dies zu bewerkstelligen, sollten Sie es machen wie die Engländer oder Amerikaner: Setzen Sie am besten die Monatsnummer vor das Tagesdatum, wenn Sie die Unterordner für Ihre Fotos benennen: .

Dann sehen Sie Ihre Ordner auch im Windows-Explorer in alphabetisch und chronologisch richtiger Reihenfolge.

Ordner umbenennen

Ihre Ordner können Sie auch später noch problemlos umbenennen. Klicken Sie dazu den jeweiligen Ordner mit der rechten (!) Maustaste an, und wählen Sie im **Kontextmenü** den Befehl .

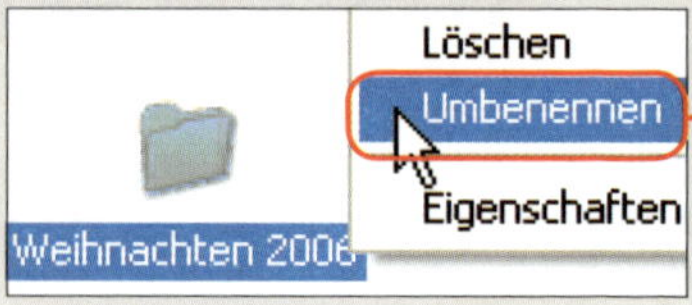

Anschließend können Sie den automatisch markierten Namen des Ordners, im Beispiel ,

direkt überschreiben.

6 Bildverwaltung de luxe: Picasa2

Wie Sie gesehen haben, reichen die „Bordmittel“ von Windows durchaus aus, um Bilder mit einem Minimum an Aufwand und einem Maximum an Geschwindigkeit von der Digitalkamera zum PC zu übertragen. Außerdem leistet Windows hervorragende Dienste, wenn es darum geht, Fotos in chronologischer Reihenfolge zu sortieren. Das hat aber auch einen Nachteil: Wenn Sie an einem bestimmten Tag ein paar Bilder von der Familie geschossen haben, etwas später vielleicht einige Fotos im Sportverein gemacht haben und wieder etwas später das Glück hatten, einen Oldtimer abzulichten, der zufällig vor Ihnen an der Ampel wartete, nützt Ihnen die Sortierung nach Datum keineswegs. Alle Bilder wurden zweifellos am selben Tag gemacht, aber die thematische Sortierung fehlt. Unter Windows bleibt Ihnen letztlich nur die Möglichkeit, entweder auf die chronologische Sortierung zu verzichten oder alle Bilder noch einmal zu kopieren und die Kopien in speziellen Unterordnern abzulegen. Womit Sie rasch an die Kapazitätsgrenzen Ihrer Festplatte geraten dürften.

Glücklicherweise gibt es eine weitere Möglichkeit: Das Programm „Picasa2“ aus dem Hause Google ermöglicht es Ihnen, Ihre Bilder unter den verschiedensten Aspekten zu sortieren, ohne diese deswegen neu sortieren oder unendlich kopieren zu müssen.

Im sechsten Kapitel dieses Buches erfahren Sie,
- wie Sie Ihre Bilder im **Windows-Explorer** betrachten,
- wie Sie Picasa2 kostenlos aus dem Internet laden,
- wie Sie das Programm installieren
- und wie Sie Ihre Bilder mit Picasa2 neu sortieren können.

Kapitel-Wegweiser

So betrachten Sie Ihre Bilder unter Windows 50
Bildverwaltung mit Picasa2 52
So laden Sie Picasa2 aus dem Internet 52
So installieren Sie Picasa2 54
Der erste Start von Picasa2 55
So nutzen Sie die Fotoalben von Picasa2 57

So betrachten Sie Ihre Bilder unter Windows

Natürlich bietet Ihnen auch Windows gewisse Möglichkeiten der Bildverwaltung: Diese eignen sich in erster Linie zu Kontrolle Ihrer Fotos auf der Festplatte, denn früher oder später wird auch hier der Platz knapp, und Sie werden die Spreu vom Weizen trennen wollen.

1 Das beginnt schon damit, dass Ihnen der Explorer verschiedene Ansichten des Inhalts Ihrer **Ordner** ermöglicht. Wenn Sie in der **Menü-**Zeile des Explorer-Fensters rechts neben „Ansichten" auf den kleinen, nach unten weisenden Pfeil

klicken, öffnet Windows das entsprechende Menü. Hier können Sie mithilfe des Schiebereglers,

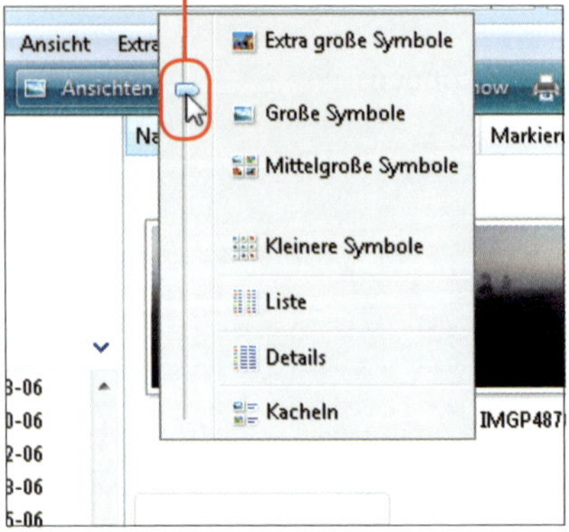

der sich links neben der Auswahlliste befindet, festlegen, in welcher Größe die Miniaturansichten im Bilder-Ordner angezeigt werden.

2 Sollten Ihnen diese Miniaturansichten nicht reichen, genügt ein Doppelklick auf das Bild, das Sie genauer betrachten möchten. Dann wird das Programm „Windows-Fotogalerie" gestartet und das Bild formatfüllend eingeblendet.

3 Das ist zwar schon eine recht aussagefähige Anzeige, doch um die Qualität einer Aufnahme wirklich beurteilen können, sollten Sie diese schon in voller Größe betrachten. Dann passt die Aufnahme zwar nicht mehr auf den **Monitor**, aber Sie können umso genauer beurteilen, ob das Bild wirklich die gewünschte Schärfe hat. Dazu klicken Sie auf die

Schaltfläche,

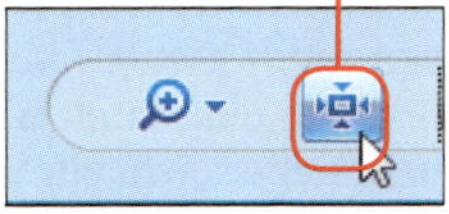

die Sie am unteren Bildschirmrand rechts neben dem Lupensymbol finden.

4 Anschließend zeigt die Windows-Fotogalerie das Bild in Originalauflösung an. Da dieses Bild in Originalgröße die Größe Ihres Monitors übersteigt, sehen Sie nun nur noch einen Ausschnitt Ihres Fotos. Gleichzeitig verändert der Mauszeiger seine Form und stellt nun eine kleine Hand dar: .

Wenn Sie nun auf die mit der linken Maustaste klicken und diese gedrückt halten, können Sie das Bild im Anzeigefenster nach Belieben hin und her schieben.

5 Um sämtliche Bilder der Unterordner in der Windows-Fotogalerie ansehen zu können, müssen Sie nicht jedes Bild einzeln anklicken. Vielmehr bietet Ihnen das Programm zwei Navigationssymbole,

mit denen Sie zwischen den Bildern innerhalb des Ordners vor- und zurückblättern können.

6 Bei der Gelegenheit kann es vorkommen, dass Sie auf ein Bild stoßen, das auf der Seite liegt: Dieses Bild wurde im Hochformat geknipst. Rechts neben den eben erwähnten Navigationssymbolen finden Sie zwei weitere Schaltflächen: .

Diese drehen das Bild um jeweils 90° nach rechts oder links, wenn sie angeklickt werden.

7 Änderungen, die Sie in der Windows-Fotogalerie vornehmen, werden direkt auf die Bilddatei angewandt. Also wird auch die Miniaturansicht im Windows-Explorer gedreht:

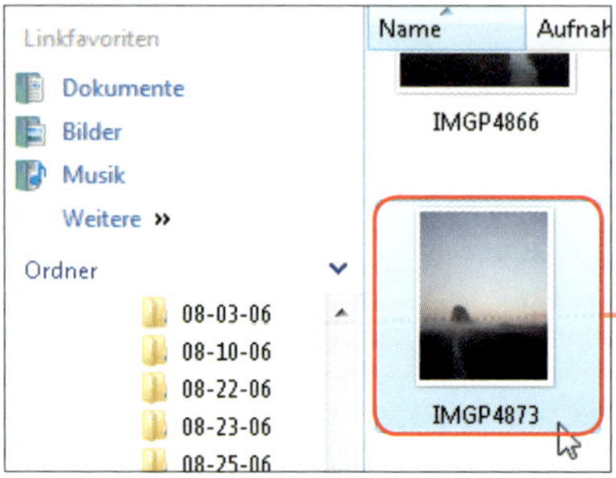

8 Wenn Sie bei der Durchsicht Ihrer Fotos auf ein Bild stoßen, das Ihren Ansprüchen nicht genügt, können Sie es auch direkt in der Windows-Fotogalerie löschen. Dazu reicht ein Mausklick auf .

Auch hier wird die Änderung unmittelbar auf die gespeicherte Datei angewandt, das heißt, das Bild wird gelöscht.

Bildverwaltung mit Picasa2

Um den Überblick über mehrere tausend Digitalfotos zu behalten, ist die Windows-Fotogalerie eher ungeeignet. Das kostenlose Programm Picasa2, das von der Firma Google angeboten wird, schafft hier Abhilfe.

So überspielen Sie Picasa2 aus dem Internet

Picasa2 ist ein sogenanntes **Freeware**-Programm. Das heißt, dass Sie es kostenlos aus dem Internet laden und nach Belieben benutzen können. Das Herunterladen und Installieren von Picasa2 nimmt nur wenig Zeit in Anspruch, sofern Sie über einen schnellen Internetzugang verfügen.

1 Starten Sie Ihr Internetanzeigeprogramm, und geben Sie in die Adresszeile die Adresse **http://picasa.google.de**

ein. Zur Bestätigung drücken Sie wie gewohnt die [↵].

2 Wenn Sie auf der daraufhin erscheinenden **Internetseite** auf den Eintrag

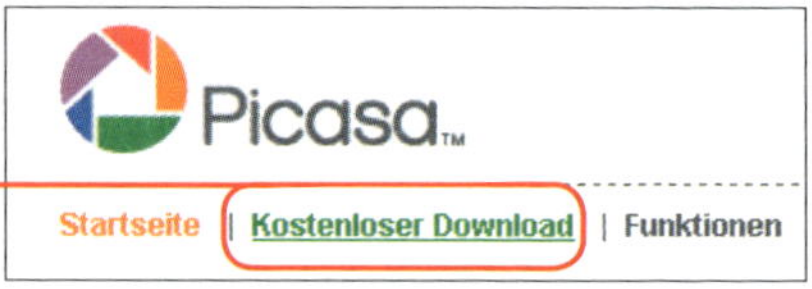

klicken, können Sie noch überprüfen, ob die Systemvoraussetzungen Ihres Rechners für Picasa2 ausreichen – da das Programm allerdings auf so gut wie jedem Rechner lauffähig ist, können Sie auch direkt auf die Schaltfläche ● klicken.

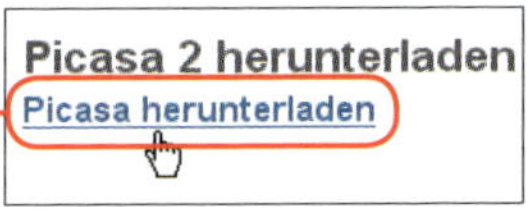

3 Anschließend meldet sich Windows und fragt nach, ob es das ausgewählte Programm speichern oder die Installation direkt starten soll. Wählen Sie hier die Option ●.

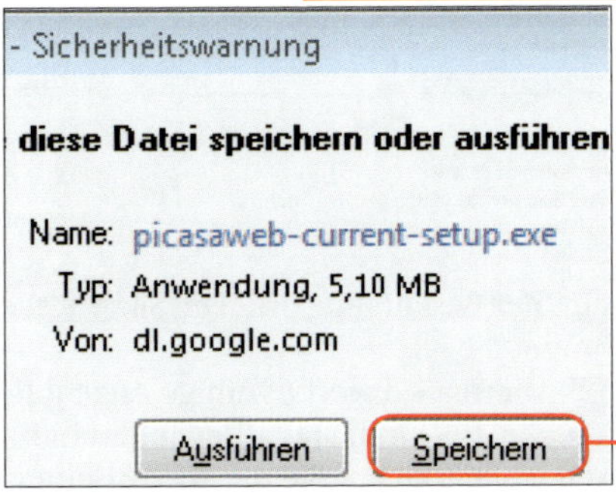

4 Nun müssen Sie nur noch den Speicherort bestimmen: Da Sie die Installationsdatei nach der Einrichtung von Picasa2 löschen werden, empfiehlt es sich, die Datei auf dem Windows-Desktop ● zu speichern – das spart anschließend einige Zeit beim Suchen. Klicken Sie danach auf ●.

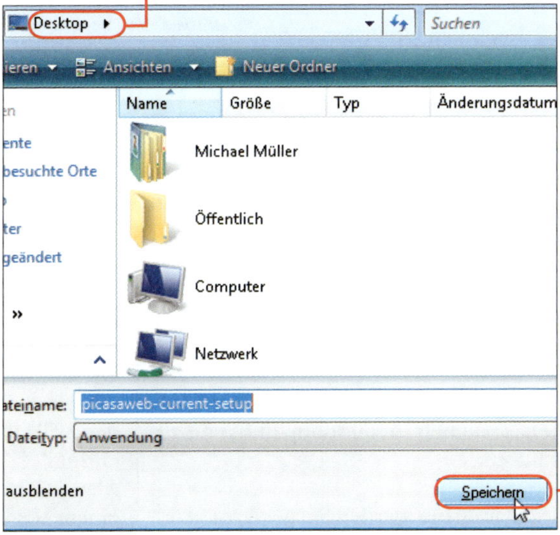

5 Schon nach wenigen Augenblicken meldet Windows, dass der Download beendet ist. Abschließend genügt ein Mausklick auf die Schaltfläche ●.

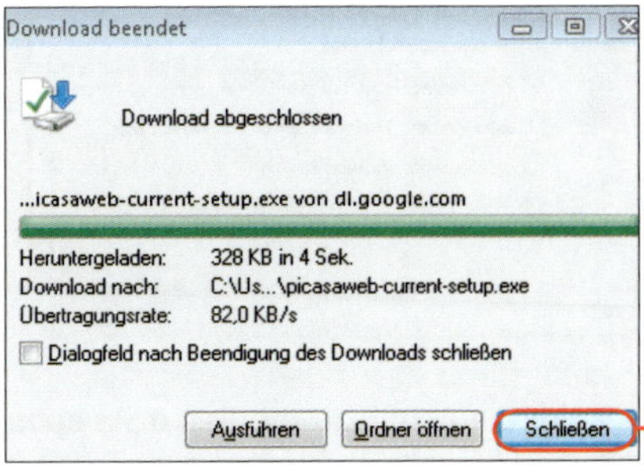

So installieren Sie Picasa2

1 Nachdem Sie Picasa2 aus dem Internet überspielt haben, finden Sie auf Ihrem Desktop das folgende Symbol: ●.

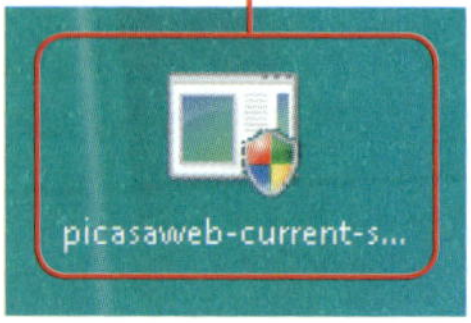

Um das Installationsprogramm zu starten, brauchen Sie nur doppelt darauf zu klicken.

2 Daraufhin werden Sie gewarnt, dass es riskant sein könnte, ein Programm unbekannter Herkunft zu installieren. Klicken Sie hier einfach auf die Schaltfläche ●.

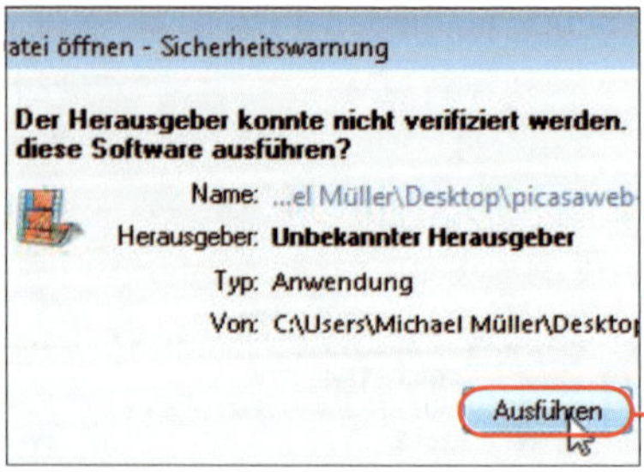

3 Vor der Installation müssen Sie noch die Lizenzbedingungen von Picasa2 akzeptieren. Dazu klicken Sie auf die Schaltfläche ●.

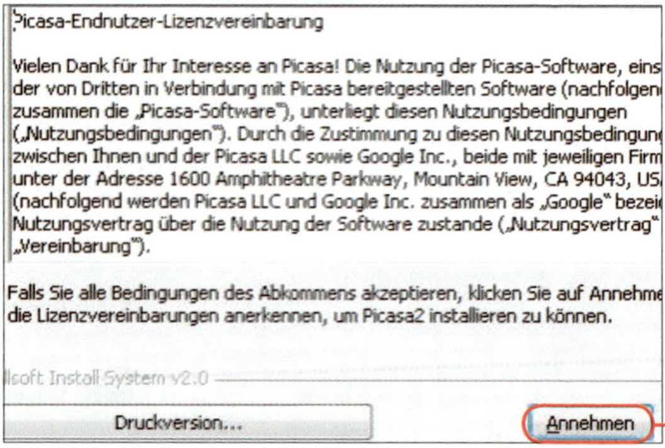

4 Nun will das Installationsprogramm wissen, wo Picasa2 installiert werden soll, und schlägt Ihnen dazu den Ordner „C:\Program Files\Picasa2" vor. Akzeptieren Sie dieses Angebot mit einem Mausklick auf ●.

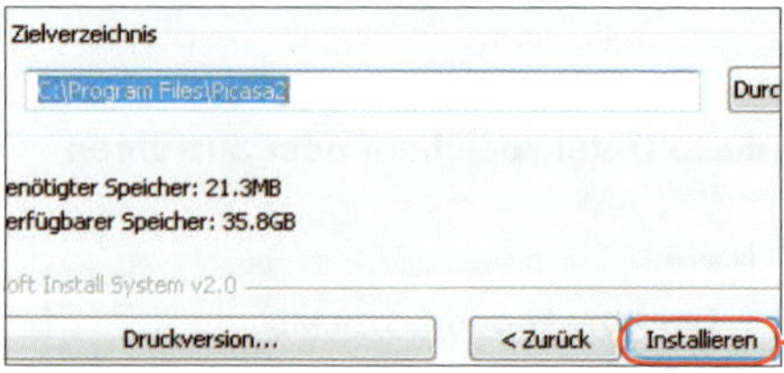

5 Abermals dauert es einige Augenblicke, bis die Installation abgeschlossen ist. Markieren Sie die gewünschten Start-Optionen - beispielsweise ● -

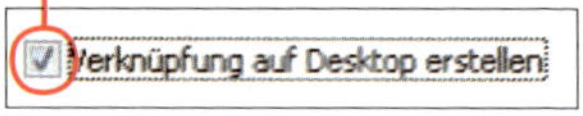

mit jeweils einem Mausklick, und beenden Sie die Installation per Klick auf .

Jetzt finden Sie auf Ihrem Windows-Desktop ein neues Symbol vor, mit dessen Hilfe Sie das Programm starten können: .

6 Ehe Sie das Programm zum ersten Mal starten, sollten Sie noch die heruntergeladene Installationsdatei vom Desktop löschen. Klicken Sie dazu mit der rechten (!) Maustaste auf das Symbol der Installationsdatei – achten Sie darauf, nicht versehentlich das oben gezeigte Startsymbol von Picasa zu entfernen –, und wählen Sie aus dem Kontextmenü die Option .

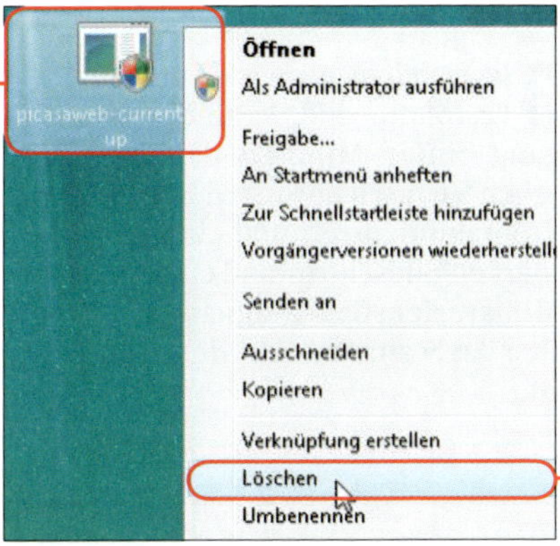

Der erste Start von Picasa2

Nun ist alles für den ersten Programmstart von Picasa2 vorbereitet. Dieser erfordert allerdings ein wenig Aufmerksamkeit von Ihrer Seite.

1 Wie von Windows gewohnt starten Sie Picasa2 mit einem Doppelklick auf das Programmsymbol auf dem Desktop.

2 Daraufhin erscheint das Programm auf Ihrem Bildschirm und verkündet Ihnen, dass es Ihren Computer zunächst nach vorhandenen Bildern durchsuchen wird. Dazu bietet Picasa2 zwei Möglichkeiten: Entweder durchsucht es den Rechner komplett nach Bildern oder es beschränkt seine Suche auf die Ordner „Eigene Dokumente", „Eigene Bilder" sowie „Desktop". Damit diese Suche nicht allzu lange dauert, markieren Sie mit einem Mausklick die zweite Möglichkeit .

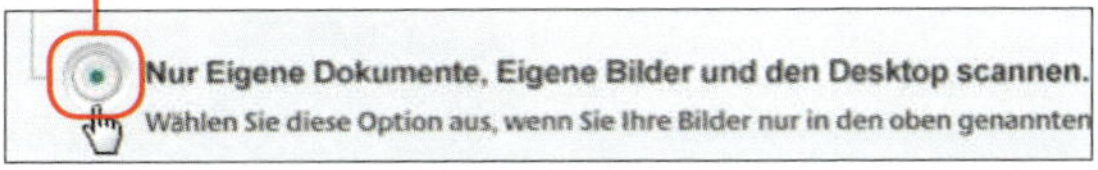

und bestätigen Ihre Entscheidung per Klick auf

.

3 Je nachdem, wie viele Fotos auf Ihrer Festplatte sind, kann der Scan-Vorgang einige Minuten dauern. Dabei sehen Sie rasch die ersten Ergebnisse im Programmfenster, und ein am rechten unteren Bildschirmrand eingeblendetes Miniaturfenster ● signalisiert Ihnen, dass das Scannen nach wie vor im Gange ist.

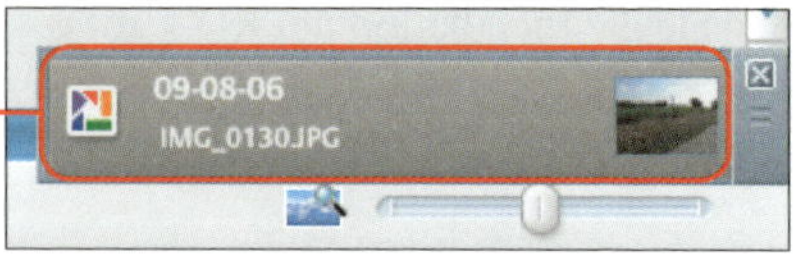

4 Ist dieser Vorgang abgeschlossen, taucht die Arbeitsoberfläche von Picasa2 in voller Schönheit vor Ihnen auf: Am linken Bildschirmrand sehen Sie eine Spalte mit den verschiedenen Ordnern, in denen Picasa2 Bilder gefunden hat. Hier können Sie mit einem Mausklick einen Ordner markieren, im Beispiel ●. Daraufhin werden die Miniaturansichten der Bilder, die im markierten Ordner gespeichert sind, auf der rechten Seite des Fensters angezeigt: ●.

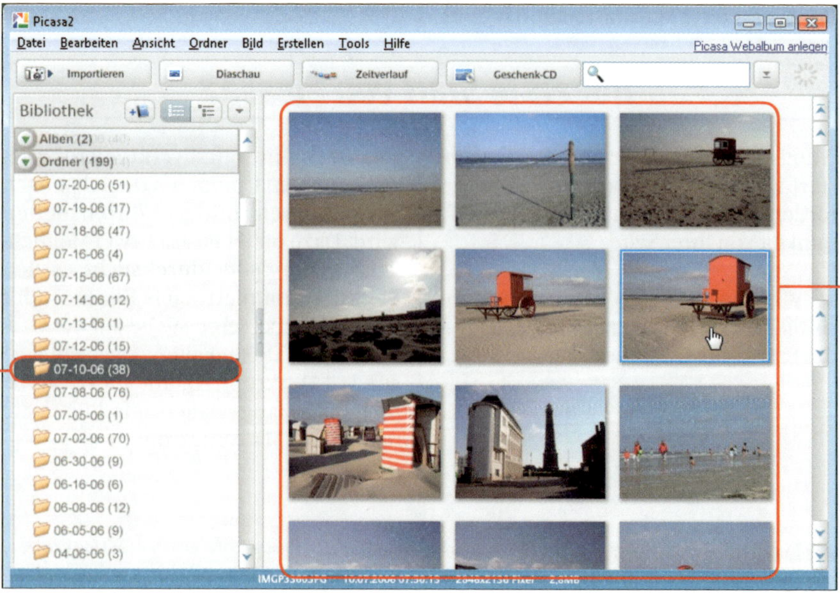

5 Wenn Sie die von Picasa2 gefundenen Bilder gründlich durchsehen, werden Sie feststellen, dass das Programm sämtliche Dateien, die Bilddaten enthalten, eingesammelt hat - also auch solche, die nicht Ihre eigenen Fotos sind, etwa ●.

6 Da Sie Picasa2 nutzen möchten, umIhre eigenen Fotos zu verwalten, werden Sie diese Bilder vermutlich aus Picasa2 entfernen wollen - ohne sie deswegen aber gleich endgültig von der Festplatte zu löschen. Dazu klicken Sie in der linken Bildschirmspalte mit der rechten (!) Maustaste auf den Namen des Ordners ● und wählen im nun erscheinenden **Kontextmenü** die Option ●.

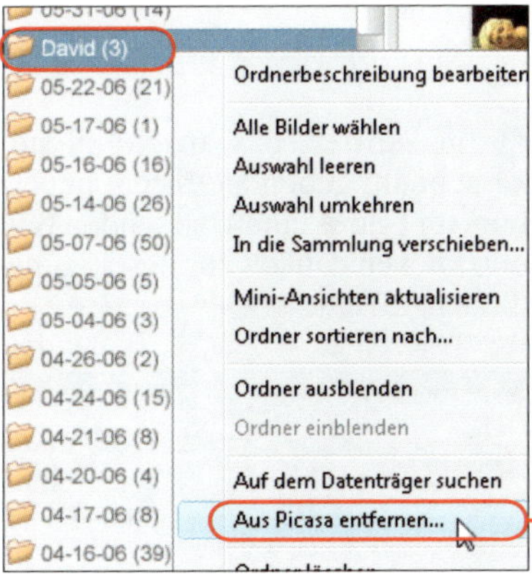

So nutzen Sie die Fotoalben von Picasa2

Einer der größten Vorzüge von Picasa2 besteht darin, dass Sie Ihre Fotos nicht nur in Unterordnern ablegen, sondern auch richtige Alben anlegen können. Diese Alben sind virtuelle Ordner, in denen Sie inhaltlich zusammengehörige Bilder vereinen können. Und dabei müssen Sie nicht mal Kopien dieser Bilder erstellen, die Ihre Festplatte über Gebühr belasten würden.

1 Wenn Sie die linke Ordnerspalte mit der Bildlaufleiste ganz nach oben rollen, werden Sie feststellen, dass Picasa2 bereits zwei Alben für Sie angelegt hat: „**Bildschirmschoner**“ ● und „Markierte Fotos“ ●.

Beide Alben sind zum jetzigen Zeitpunkt noch leer.

2 Um nun ein neues Album anzulegen, klicken Sie in der Menüzeile von Picasa2 auf und im daraufhin geöffneten Dateimenü auf den Eintrag .

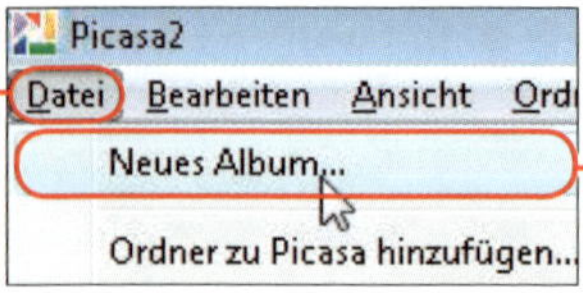

3 Im Fenster, das anschließend erscheint, geben Sie Ihrem neuen Album im Feld einen passenden Namen und klicken danach zur Bestätigung auf die Schaltfläche .

4 Damit ein Foto zu Ihrem neuen Album hinzugefügt wird, klicken Sie einfach mit der rechten (!) Maustaste auf das entsprechende Bild, etwa ,

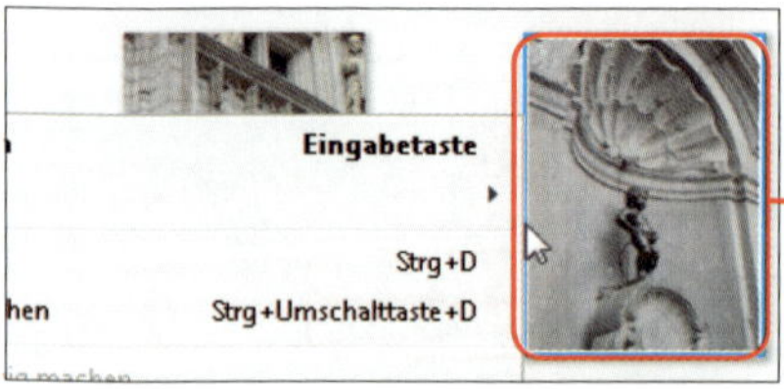

und wählen im Kontextmenü den Befehl

Zum Album hinzufügen.

5 Daraufhin zeigt Ihnen Picasa2 eine Liste aller verfügbaren Alben an. Wählen Sie aus dieser Liste mit einem Mausklick das gewünschte Album aus, im Beispiel .

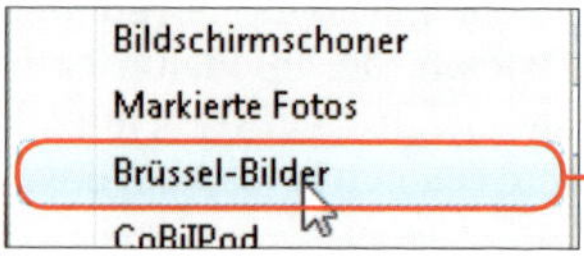

6 Auf diese Weise können Sie Ihre Fotos in aller Ruhe thematisch zusammenstellen und später in einem Album gesammelt

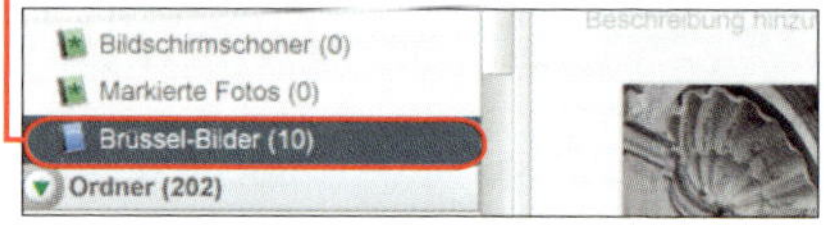

betrachten - unabhängig davon, in welchem Unterordner Ihrer Festplatte diese Bilder tatsächlich gespeichert sind.

! Platz sparen mit Picasa2

Besonders praktisch und effektiv ist Picasa2, wenn es darum geht, Fotos mehreren Themenkreisen zuzuordnen. Denn natürlich kann es vorkommen, dass ein Bild in verschiedenen Alben untergebracht werden soll, etwa im Album „Familie", im Album „Urlaub" und im Album „Meer" – wenn das Bild Ihre Familie im Urlaub am Meer zeigt... Mit Picasa2 ist das kein Problem: Sie können jedes Ihrer Fotos in beliebig vielen Alben ablegen, ohne dass Ihre Festplatte belastet wird. Denn Picasa2 kopiert die Datei des Fotos nicht in jedes Album, sondern richtet nur einen Verweis ein. Das ist schneller und ökonomischer, als wenn Sie Ihre Fotos tatsächlich in verschiedene Ordner kopieren würden.

7 So bearbeiten Sie Ihre Bilder mit Picasa2

Picasa2 kann nicht nur beim Sortieren wertvolle Hilfe leisten, sondern auch bei der Bearbeitung Ihrer Bilder. Allerdings ist das Programm nicht in der Lage, ein Foto, das Sie mit Ihrem Liebsten auf dem heimischen Balkon zeigt, so umzuarbeiten, dass alle Welt glaubt, Sie könnten sich einen Urlaub auf Mauritius leisten. Umso besser eignet es sich jedoch, um typische Fehler zu beheben, die - nicht nur Anfängern - im Rahmen der Digitalfotografie immer wieder passieren. Das mag zwar banal erscheinen, erweist sich im praktischen Alltag aber immer wieder als hilfreich. Und wenn es trotzdem etwas mehr sein soll und Sie beispielsweise Ihrem Chef auf einem Digitalfoto einen zweiten Kopf - oder einen Rüssel - anmontieren wollen, können Sie das immer noch tun: Einige Tipps dazu finden Sie unter anderem auch im COMPUTER-BILD-Taschenbuch „Digitalfotos - Bearbeitung ganz einfach“. Hier soll es zunächst einmal um die erste Pannenhilfe gehen.

Im siebten Kapitel dieses Buches erfahren Sie,
- wie Sie mit Picasa2 Bilder zuschneiden,
- wie Sie schräg stehende Bilder nachträglich ausrichten,
- wie Sie „Rote Augen“ korrigieren,
- wie sich bei Bedarf Bilder aufhellen lassen
- und wie Sie Farbkorrekturen vornehmen.

Kapitel-Wegweiser

Kontrolle von Einzelbildern in Picasa2 62
So wählen Sie den richtigen Bildausschnitt 64
So richten Sie Bilder aus 67
„Rote-Augen-Effekt“ korrigieren 68
So hellen Sie Bilder auf 69
Farbkorrekturen mit Picasa2 71

Kontrolle von Einzelbildern in Picasa2

Bevor Sie damit beginnen, Ihre Bilder zu bearbeiten, sollten Sie erst einmal deren Qualität kontrollieren. Nur so können Sie entscheiden, ob Sie sie behalten oder lieber löschen möchten. Das ist einfacher, als Sie denken, denn bei jedem neuen Programmstart sieht Picasa2 erst einmal auf der Festplatte nach, ob eventuell neue Fotos hinzugekommen sind. Falls das Programm neue Aufnahmen findet, erscheint automatisch das bereits erwähnte kleine Fenster unten rechts auf dem Bildschirm (siehe Schritt 3 auf Seite 56). Warten Sie also nach dem Programmstart ein paar Augenblicke, damit Picasa2 die Möglichkeit hat, die neuen Bilder zu erkennen und in seine **Ordner**struktur aufzunehmen.

1 Um Einzelbilder in Picasa2 zu kontrollieren, wählen Sie zunächst in der Bibliothek-Spalte am linken Bildschirmrand mit einem Klick den gewünschten Ordner aus, im Beispiel ●.

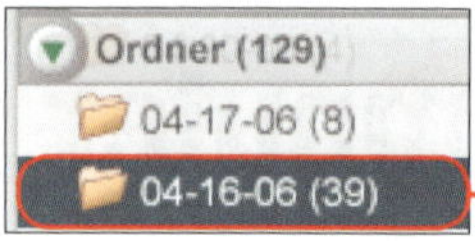

Daraufhin zeigt Ihnen Picasa2 den Inhalt des Ordners in Form von Miniaturansichten an: ●.

2 Wenn Sie nun kontrollieren wollen, ob ein Bild wirklich die nötige Schärfe, Helligkeit etc. aufweist, klicken Sie einfach doppelt auf die entsprechende Miniaturansicht. Anschließend zeigt Picasa2 das angeklickte Bild in einer Größe, die das Programmfenster füllt: ●. Links daneben werden Schaltflächen für die Bildbearbeitung (siehe ab Seite 64) sichtbar:

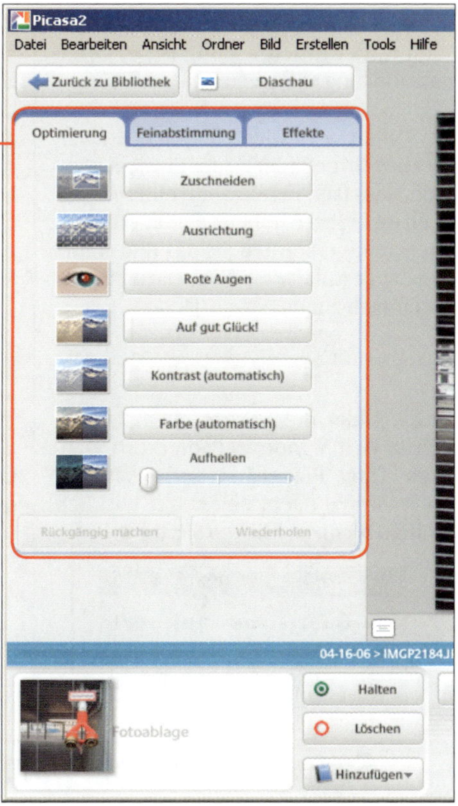

3 Natürlich ist das Programmfenster auch hier nicht groß genug, um das Bild in voller Größe aufzunehmen. Das aber ist erforderlich, damit Sie das Bild wirklich kontrollieren können. Zu diesem Zweck stellt Picasa2 im rechten unteren Fensterbereich die Schaltfläche

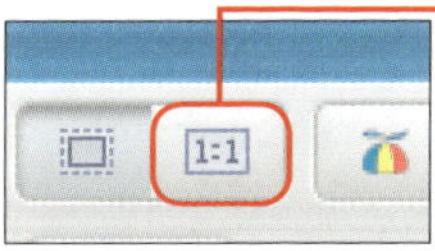

zur Verfügung. Wenn Sie darauf klicken, zeigt Picasa2 einen Bildausschnitt in Originalgröße an, sodass Sie genau prüfen können, ob **Belichtung**, Zeit und Entfernung bei der Aufnahme korrekt eingestellt waren – wie in der Beispielabbildung.

4 Zum bequemeren Navigieren innerhalb des in voller Größe dargestellten Bildes bietet Ihnen Picasa2 eine sehr praktische Hilfe an: Rechts unten im 1:1-Bild ist eine Miniaturansicht des Fotos eingeblendet, in der ein kleines Rechteck den angezeigten Ausschnitt markiert. Dieses Rechteck

können Sie mit gedrückter Maustaste beliebig verschieben, um so den Bildausschnitt, der Ihnen wichtig ist, in Originalauflösung anzuzeigen.

5 Sollten Sie bei der näheren Begutachtung Ihrer Bilder zu der Einsicht kommen, dass das soeben kontrollierte Foto doch nicht Ihren hohen Qualitätsansprüchen genügt, können Sie das Bild sofort von der Festplatte löschen. Dazu klicken Sie einfach auf die Schaltfläche ●.

Da die Bilder, die Sie so löschen, tatsächlich in den Windows-Papierkorb wandern, fragt Picasa2 sicherheitshalber noch einmal nach, ob Sie das wirklich wollen. Wenn ja, klicken Sie auf ●.

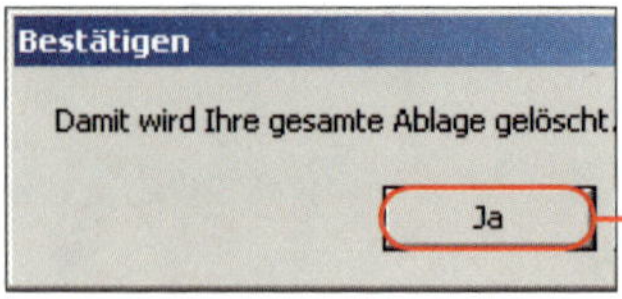

6 Mit derselben Methode können Sie nun auch alle anderen Fotos des ausgewählten Ordners vergrößern, kontrollieren und gegebenenfalls aussortieren. Zur Navigation bietet Ihnen Picasa2 am oberen Fensterrand eine entsprechende Leiste an. Markieren Sie einfach mit einem Mausklick das Bild, das zur Anzeige kommen soll, etwa ●, oder klicken Sie auf die Navigationspfeile ●.

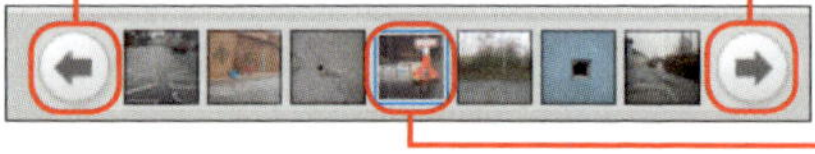

7 Wenn Sie mit der Begutachtung der einzelnen Fotos im ausgewählten Ordner fertig sind, reicht ein Druck auf die [Esc]-Taste, um wieder in den Übersichtsmodus von Picasa2 zurückzukehren.

So wählen Sie den richtigen Bildausschnitt

Es kommt immer wieder vor: Sie sehen ein Motiv, das Ihnen nicht lange erhalten bleiben dürfte, Sie ziehen die Digicam aus der Tasche, halten drauf, drücken ab - und haben sogar Glück: Die Kameraautomatik hat in der gebotenen Kürze der Zeit die Einstellung von Zeit, Blende und Entfernung richtig hingekriegt. Nur die Zeit, die ein Fotograf nun mal braucht, um den richtigen Ausschnitt zu wählen, fehlte. Deswegen müssen Sie sich aber keine grauen Haare wachsen lassen, denn wenn Ihre Kamera eine hinreichend große **Auflösung** liefert, können Sie den korrekten Bildausschnitt mit Picasa2 auch nachträglich festlegen.

1 Auf dem Beispielbild rechts oben stimmt etwas nicht: Zwar ist die Verteilung von Farbe, Formen und Linien nicht uninteressant, doch wirkt das Bild ausgesprochen langweilig, weil sich der rote Blickfang nun mal genau in der Mitte befindet: ●.

2 Mit einem Doppelklick auf die Miniaturansicht des Bildes starten Sie den Einzelbildmodus von Picasa2. Daraufhin tauchen am linken Bildrand statt der Ordner die wichtigsten Funktionen zur Bildbearbeitung auf: ●.

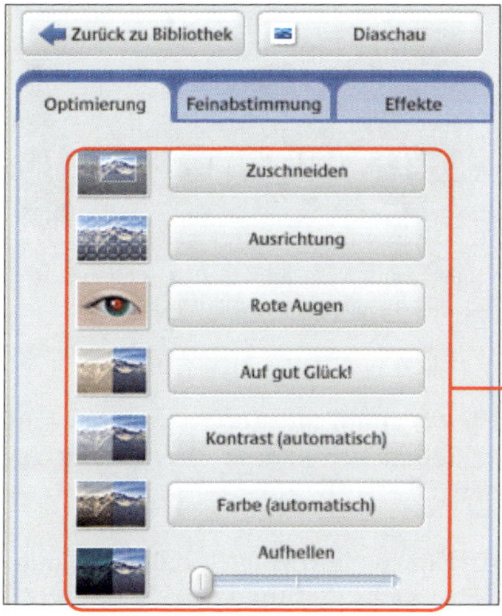

3 Wenn Sie hier auf die Option

klicken, erscheint ein Auswahlmenü, in dem Ihnen als Bildgrößen die Standardformate „10 x 15", „13 x 18" und „20 x 25" angeboten werden.

! Formatfragen

Die von Picasa2 angebotenen Bildgrößen haben nichts damit zu tun, wie groß ein Bild tatsächlich werden soll. Vielmehr spiegeln sie wider, dass es in der Fotografie inzwischen verschiedene Seitenverhältnisse gibt. So bedeutet das Format „10x15" in diesem Fall nicht, dass das Bild am Ende nicht größer gedruckt oder abgezogen werden kann. Es sagt lediglich aus, dass die Seiten des gewählten Ausschnitts im Verhältnis 2:3 stehen und insofern den Gewohnheiten der klassischen Kleinbildfotografie entsprechen.

Um das ausgewählte Bild im klassischen Seitenverhältnis 2:3 zuzuschneiden, klicken Sie auf ●.

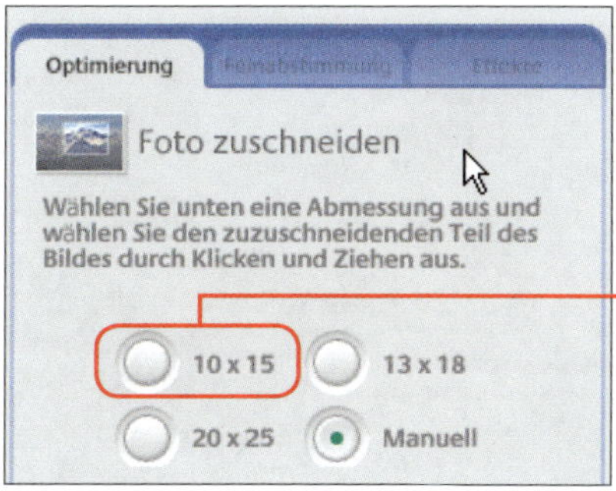

4 Setzen Sie nun den Mauszeiger auf das Bild, klicken Sie, halten Sie die Maustaste gedrückt, und markieren Sie mit weiterhin gedrückter Maustaste den gewünschten Ausschnitt, im Beispiel ●.

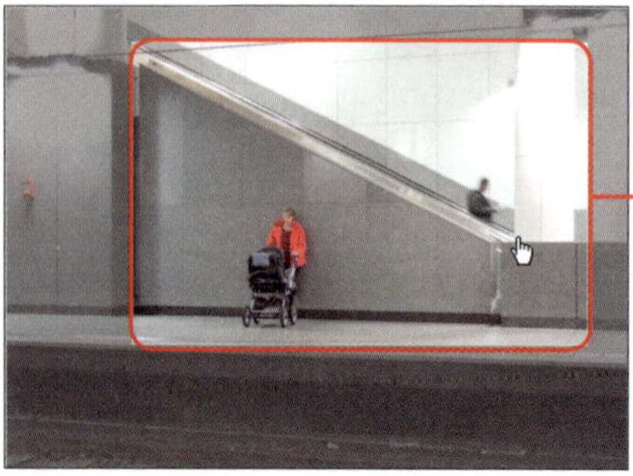

Sie können diesen Ausschnitt ganz nach Belieben vergrößern oder verkleinern, indem Sie den Mauszeiger auf den Rand des Ausschnitts setzen und den Rand dann mit gedrückter Maustaste verschieben. Dabei bleibt das vorab gewählte Seitenverhältnis stets erhalten.

5 Je nachdem, wie weit Sie den Rand ziehen, ändert Picasa2 den Ausschnitt vom Quer- ins Hochformat ●.

! Änderungen in Picasa2 speichern

Ein weiterer großer Vorteil von Picasa2 besteht darin, dass alle Änderungen, die Sie an Ihren Fotos vornehmen, nur protokolliert, nicht aber endgültig gespeichert werden. So wird das von Ihnen bearbeitete Bild zwar mit allen Änderungen in der Picasa2-Bibliothek angezeigt und auch mit diesen Änderungen weiter verarbeitet oder gedruckt. Wenn Sie sich das Bild allerdings in der Windows-Fotogalerie ansehen, finden Sie es im Urzustand vor. Wollen Sie die Änderungen auch in der Datei speichern, wechseln Sie in die Bibliotheks-Ansicht mit den Miniatur-Ansichten Ihrer Fotos und klicken dort auf die Schaltfläche ●.

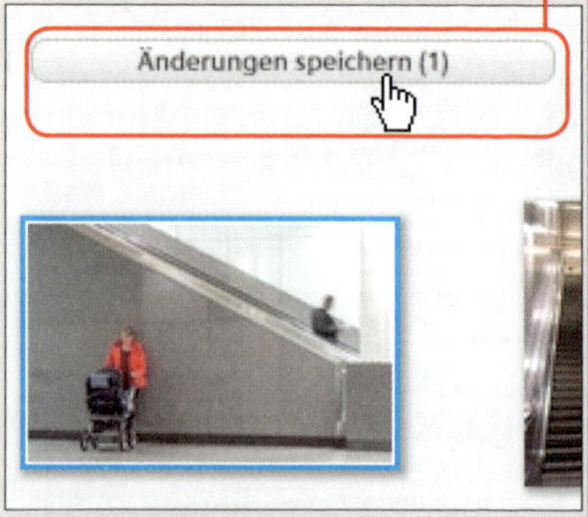

Dann werden die Änderungen auch auf der Festplatte gespeichert.

Dies können Sie durch weiteres Verschieben der Ränder aber erneut ändern.

6 Um zu überprüfen, ob der gewählte Ausschnitt Ihnen wirklich zusagt, klicken Sie einfach auf die Schaltfläche

.

Picasa2 zeigt Ihnen dann für einige Sekunden den gewählten Ausschnitt formatfüllend an: .

7 Erst wenn Sie mit dem gewählten Ausschnitt wirklich zufrieden sind, speichern Sie die Einstellung mit einem Mausklick auf die Schaltfläche .

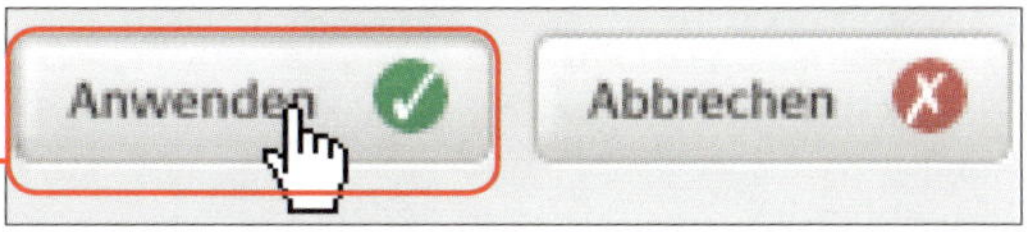

So richten Sie Bilder aus

Ein weiterer Fehler, der auch erfahrenen Fotografen immer wieder unterläuft: Ein Bild steht schräg. Das kann in der Eile eines Schnappschusses passiert sein oder aufgrund ungünstiger Umstände bei der Aufnahme - etwa wenn Sie Ihre Kamera fürs Foto durch eine Lücke in einem Zaun halten mussten.

1 Das Beispielfoto, das Sie hier rechts sehen, steht aufgrund ungünstiger Umstände (ein Bauzaun, der nicht aufs Bild sollte) schräg. Um es gerade zu rücken, klicken Sie auf die Schaltfläche .

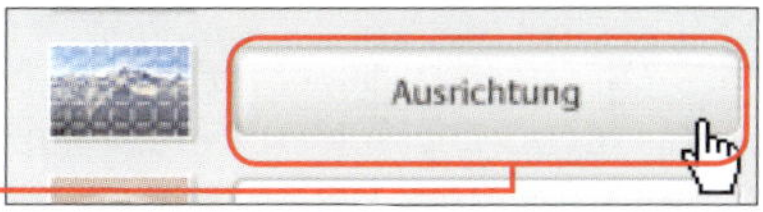

2 Daraufhin legt Picasa2 ein Gitterraster über das Foto. Gleichzeitig wird unten im Bild ein Schieberegler ●

eingeblendet, den Sie mit gedrückter Maustaste ziehen können. So lässt sich das Bild stufenlos um etwa 15° in beide Richtungen drehen.

3 Mithilfe des Rasters fällt es leicht, das Bild gerade zu rücken. Wenn Ihnen das Ergebnis zusagt, speichern Sie die Änderungen mit einem Mausklick auf die Schaltfläche ●.

„Rote-Augen-Effekt“ korrigieren

Ein typischer Fotofehler, der mit modernen Digitalkameras immer seltener vorkommt, sind die gefürchteten „roten Augen“: Dieser Effekt entsteht, wenn ein **Blitz**licht auf eine im Dunklen geöffnete Pupille trifft. Die meisten Digicams können den „Rote-Augen-Effekt“ durch zugeschaltete **Vorblitze** vermeiden. Denn die sorgen dafür, dass sich die Pupillen zusammenziehen.

1 Das rechts abgebildete Foto stammt nicht aus einer Digitalkamera, sondern aus einem Fotohandy, das offensichtlich nicht mit einem Vorblitz ausgestattet ist.

Um die roten Augen zu korrigieren, zoomen Sie das Foto auf die volle Größe, indem Sie im Einzelbildmodus von Picasa2 auf ● klicken.

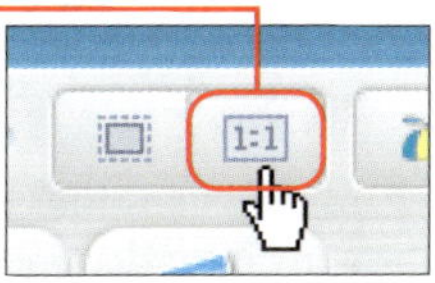

2 Anschließend klicken Sie auf die Schaltfläche ●.

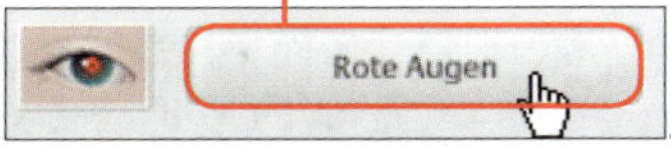

Nun markieren Sie mit gedrückter Maustaste nacheinander und möglichst genau alle rot leuchtenden Pupillen, etwa ●.

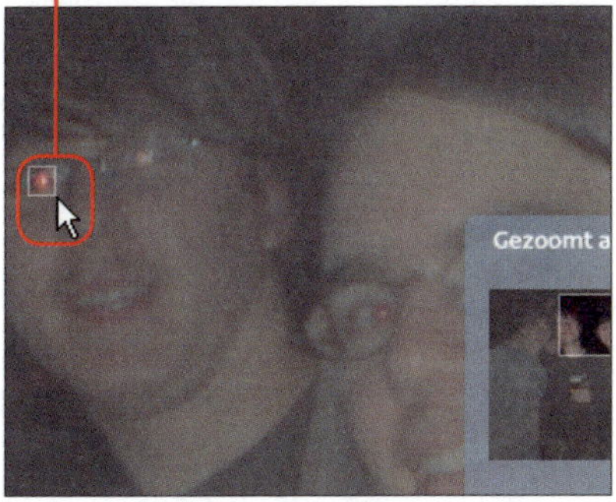

Achten Sie darauf, dass der markierte Ausschnitt wirklich nicht größer ist als die Pupille, denn Picasa2 neigt dazu, alle Rotwerte im markierten Bereich zu neutralisieren, was den Gesamteindruck erheblich stören kann.

3 Wenn alle Pupillen markiert sind, nehmen Sie die Änderungen mit einem Mausklick auf ●

an. Das Ergebnis kann sich sehen lassen.

So hellen Sie Bilder auf

Selbst ambitionierte Fotografen werden immer wieder mit dem Problem konfrontiert, dass ein Bild zu dunkel ist. Auch diese Panne lässt sich mit Picasa2 leicht korrigieren.

1 Das Beispielbild unten wurde in hellem Sonnenschein aufgenommen - mit dem Ergebnis, dass die bildwichtigen Teile ●

im Schatten liegen und zu dunkel geraten sind. Um das Bild aufzuhellen, bietet Ihnen Picasa2 bei den Bildbearbeitungsfunktionen am linken Bildrand (siehe Schritt 2 auf Seite 65) einen Schieberegler ●,

mit dem Sie das Bild mit gedrückter Maustaste stufenlos aufhellen können.

2 Korrekturen, die Sie hier vornehmen, werden von Picasa2 unmittelbar angezeigt. So können Sie das Ergebnis jederzeit kontrollieren,

ehe Sie Ihre Änderung mit einem Mausklick auf ● annehmen.

3 Durch das Aufhellen eines Fotos lässt sich übrigens die gesamte Bildkomposition verändern: Hier sehen Sie ein Bild, das seinen Reiz gerade daraus bezieht, dass große Teile sehr dunkel sind:

Wenn Sie dieses Beispielbild im vollen Umfang aufhellen, entsteht ein völlig neues Foto:

4 Allerdings sollten Sie von dieser Möglichkeit nur vorsichtig Gebrauch machen. Denn Picasa2 hellt nicht nur die wichtigen Motivbestandteile auf, sondern verstärkt gleichzeitig auch das unerwünschte „Bildrauschen“, wie der Ausschnitt des Beispielfotos rechts zeigt.

Farbkorrekturen mit Picasa2

Neben den bisher vorgestellten Korrekturmöglichkeiten für die häufigsten Fotopannen bietet Ihnen das Programm auch eine Reihe von Funktionen zur Farbkorrektur.

1 Eine Möglichkeit, die Farben eines Fotos zu optimieren, bietet die Funktion mit dem schönen Namen „Auf gut Glück!“. Sie aktivieren sie mit einem Klick auf die gleichnamige Schaltfläche.

2 Hier ein Foto, das mit dieser Funktion verbessert wurde: Vorher…

…und nachher.

3 Picasa2 erlaubt Ihnen aber auch komplexe Veränderungen von Fotos. So können Sie zum Beispiel auch das folgende Foto komplett umgestalten:

Klicken Sie dazu als Erstes auf den Registerreiter ●

und anschließend auf den Eintrag ●,

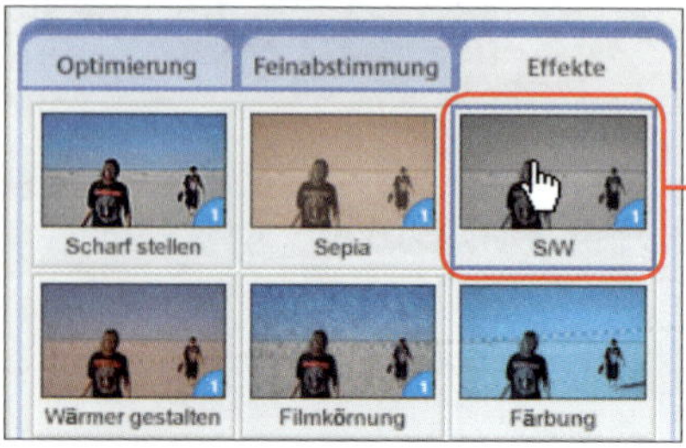

um das Foto in ein Schwarz-Weiß-Bild umzuwandeln.

4 Als Nächstes aktivieren Sie mit einem Mausklick das Register ●.

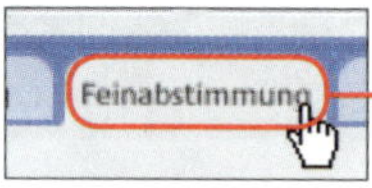

Mit den Schiebereglern, die daraufhin erscheinen, verstärken Sie die „Highlights“ ● ebenso wie die „Schatten“ ●.

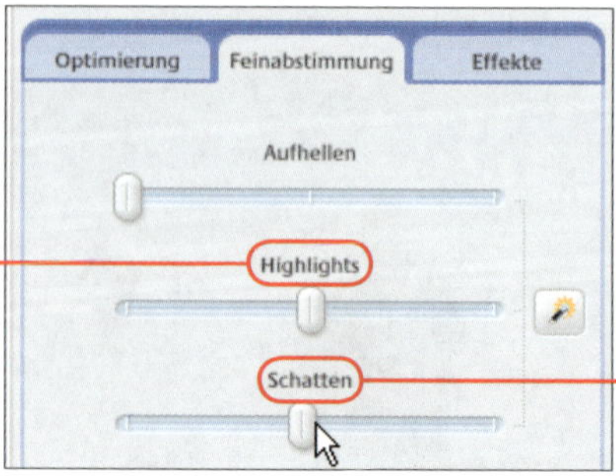

Ziehen Sie einfach die Regler mit gedrückter Maustaste.

5 Sie sehen: Das Bild hat sich vollständig verändert:

Nun brauchen Sie die Änderungen nur noch per Klick auf

zu bestätigen. Obwohl das Programm sicherlich nicht an die Fähigkeiten eines **Bildbearbeitungsprogramms** heranreichen kann, lohnt es sich also doch, ein wenig mit den Effekten und Möglichkeiten von Picasa2 herumzuexperimentieren.

8 Abwechslungsreich: Diashows

Jeder, der fotografiert, möchte seine Bilder auch gerne mal zeigen. Bei der klassischen Fotografie dienten dazu meist Papierabzüge. Die Digitalfotografie bietet weitere Präsentationsmöglichkeiten: So können Sie beispielsweise eine Diashow auf dem PC ablaufen lassen. Und wenn Sie Ihren Rechner dabei an einen Großbild-Fernseher oder gar an einen Beamer anschließen, werden Ihre Bilder noch besser zur Geltung kommen.

Zwar wird sich im Lieferumfang Ihrer Digicam mit hoher Wahrscheinlichkeit auch ein Programm zur Präsentation Ihrer Fotos finden. Doch sollten Sie auch die Alternativen nicht außer Acht lassen: Mit den „Bordwerkzeugen“ von Windows und dem Funktionsumfang von Picasa2 werden Ihnen schon eine ganze Reihe interessanter Möglichkeiten geboten, Ihre Bilder vorzuführen.

Im achten Kapitel dieses Buches erfahren Sie,
- wie Sie die Diashow von Windows nutzen,
- wie Sie die Windows-Diashow als **Bildschirmschoner** einsetzen,
- wie die Diashow von Picasa2 funktioniert
- und wie Sie Ihre Diashow mit Picasa2 auf CDs brennen können.

Kapitel-Wegweiser

Die Diashow von Windows 74
Ihre Diashow als Bildschirmschoner 75
Die Diaschau von Picasa2 77
So stecken Sie Ihre Diaschau in die Tasche 80

Die Diashow von Windows

Die Diashow, die zum Funktionsumfang von Windows gehört, lässt sich schnell einrichten und einfach bedienen.

1 Wenn Sie die Bilder, die in einem Unterordner versammelt sind, als Diashow auf Ihrem PC zeigen möchten, klicken Sie den Ordner im **Windows-Explorer** einfach an. Daraufhin werden die Dateien im geöffneten Ordner angezeigt: .

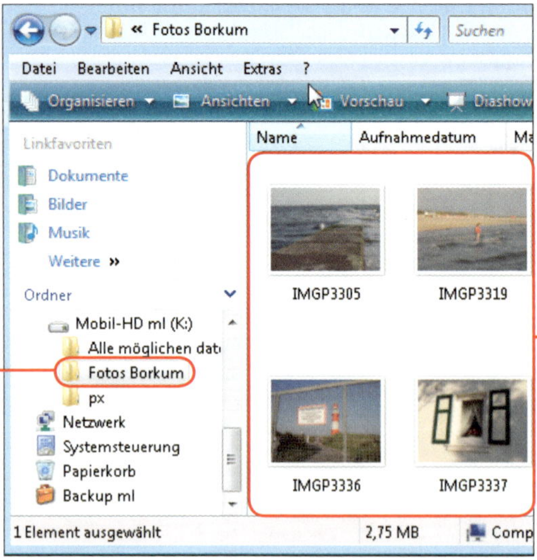

2 Gleichzeitig hat Windows den Inhalt des angezeigten Ordners analysiert und dabei festgestellt, dass dieser Bilder enthält. Daher taucht nun in der Kopfzeile auch die Schaltfläche

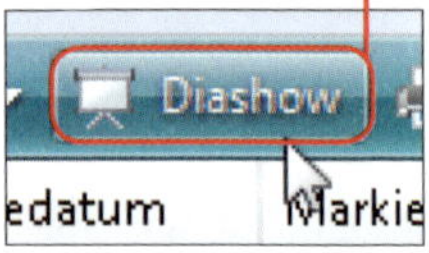

auf. Um die Diashow zu starten, klicken Sie einfach auf die gleichnamige Schaltfläche.

3 Windows zeigt Ihnen daraufhin alle Bilder, die sich in dem Ordner befinden, nacheinander an, bis Sie die Diashow mit einem Druck auf die [Esc]-Taste beenden.

4 Damit ist die Windows-Diashow zwar einfach genug zu bedienen, doch bietet sie nur wenig Möglichkeiten zur Kontrolle. Um wenigstens ein paar Kleinigkeiten zu beeinflussen, klicken Sie mit der rechten (!) Maustaste auf das gerade angezeigte Bild der Diashow. Daraufhin öffnet Windows das folgende **Kontextmenü**. Hier finden Sie die Möglichkeit, die Diashow anzuhalten ❶, zum nächsten Bild weiter- beziehungsweise zum vorigen zurückzuspringen ❷

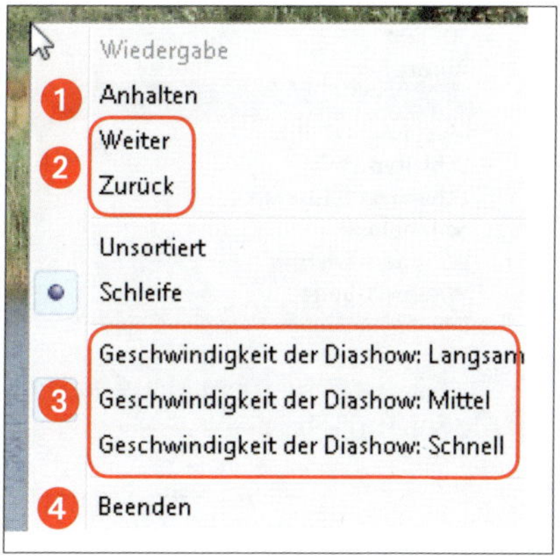

sowie unter drei verschiedenen Abspielgeschwindigkeiten zu wählen ❸ und – natürlich – die Show zu beenden ❹.

5 Darüber hinaus finden Sie zwei Optionen, die sich nicht selbst erklären:

Wenn Sie die erste Option wählen, werden die Bilder des Ordners in der Diashow nicht in der Reihenfolge dargestellt, in der sie im Ordner auftauchen, sondern nach dem Zufallsprinzip.

Die zweite Option ist voreingestellt und sorgt dafür, dass die Diashow so lange wieder von vorne abgespielt wird, bis Sie die [Esc]-Taste drücken. Wenn Sie die Show also nur einmal zeigen wollen, klicken Sie auf diese Option, damit der Punkt vor dem Eintrag verschwindet.

Ihre Diashow als Bildschirmschoner

Zugegeben: Sonderlich beeindruckend ist die Windows-Diashow nicht. Dafür aber ist sie ein Bestandteil von Windows und kann infolgedessen auch von anderen Windows-Programmen genutzt werden. So ist es beispielsweise auch möglich, aus einer Diashow einen Bildschirmschoner zu machen.

1 Dazu klicken Sie einfach mit der rechten (!) Maustaste auf eine leere Stelle der Windows-Arbeitsoberfläche, wählen im daraufhin geöffneten Kontextmenü den Eintrag

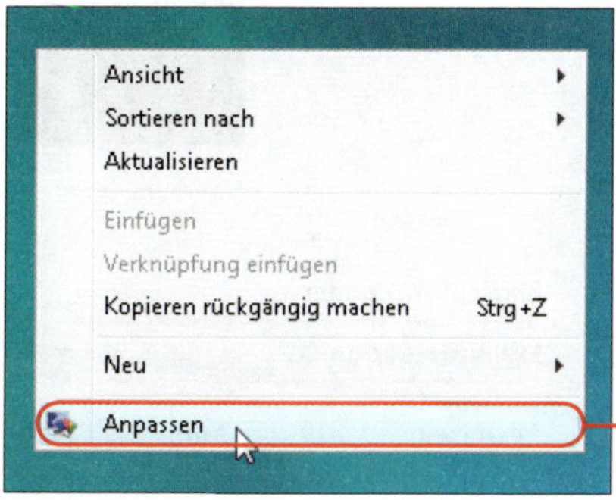

und klicken im nachfolgenden Fenster auf ●.

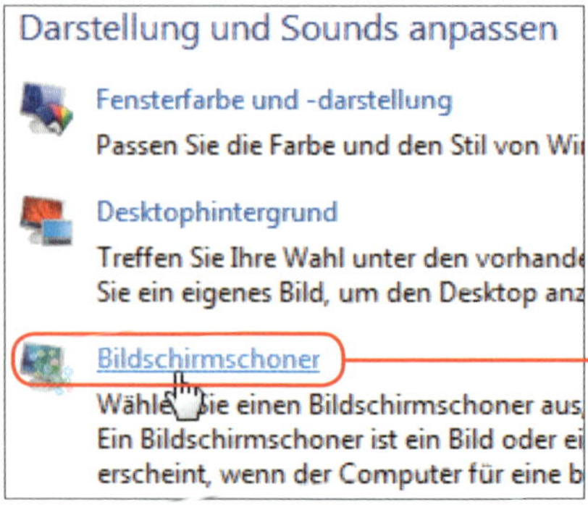

2 Nun wird der aktuelle Bildschirmschoner - im Beispiel „Windows-Logo“ - angezeigt. Wenn Sie darunter auf die gleichnamige Schaltfläche ●

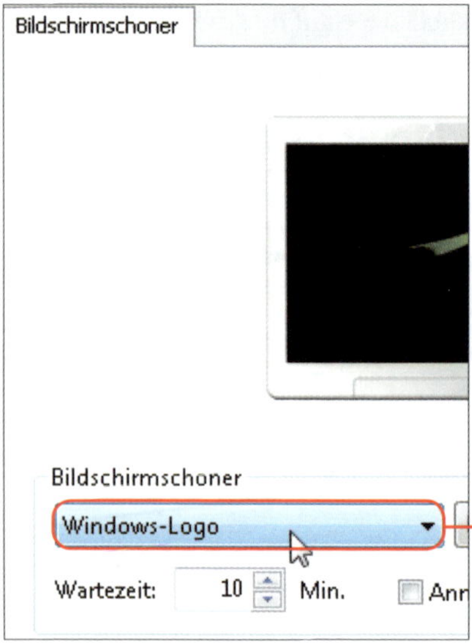

klicken, öffnet Windows eine Liste, in der Sie den Eintrag ● wählen.

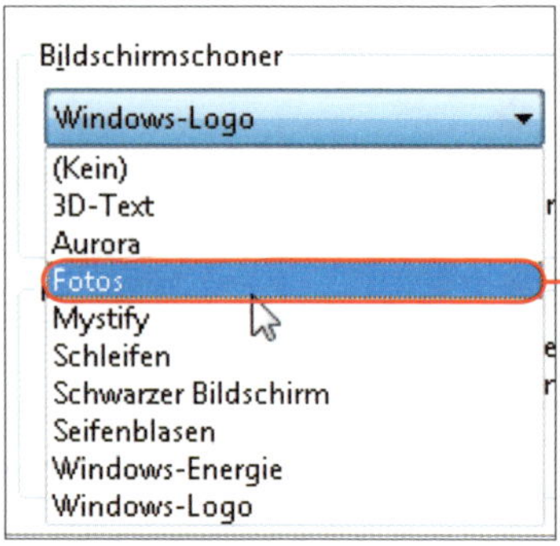

3 Als Nächstes folgt ein Mausklick auf die Schaltfläche ●

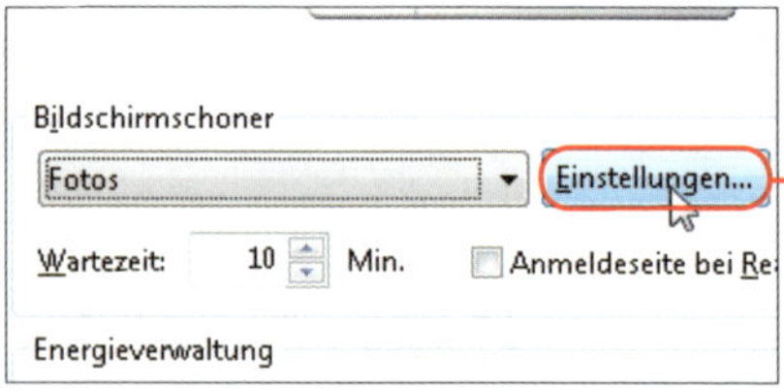

und im Fenster, das daraufhin erscheint, im Bereich „Bilder und Videos verwenden von“ auf den Eintrag

.

4 Nun öffnet Windows ein Explorer-Fenster. Hier markieren Sie den Unterordner, in dem Sie die Bilder für Ihre Diashow gespeichert haben, im Beispiel

. Bestätigen Sie Ihre Wahl wie üblich per Klick auf .

5 Damit kommen Sie zum vorigen Fenster zurück. Hier können Sie die Wiedergabe-Geschwindigkeit mit einem Mausklick auf

auswählen. Zudem können Sie festlegen, ob die Bilder in Windows-Sortierung oder in zufälliger Reihenfolge angezeigt werden. Für das Zufallsprinzip markieren Sie das Kontrollkästchen

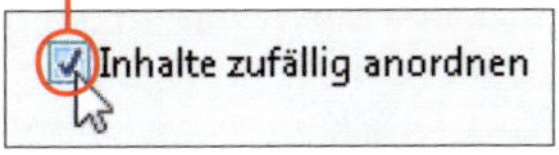

mit einem Mausklick wie in der Abbildung. Sind alle Einstellungen vorgenommen, klicken Sie auf

.

6 Schließlich landen Sie wieder in dem Fenster von Schritt 2, in dem Sie nun eine Voransicht Ihrer Bildschirmschoner-Diashow sehen können.

Schließen Sie das Fenster per Klick auf

.

Anders als die Windows-Diashow läuft die Bildschirmschoner-Show so lange in einer Schleife, bis der Bildschirmschoner deaktiviert wird.

Die Diaschau von Picasa2

Selbstverständlich beherrscht auch Picasa2 die hohe Kunst der Diashow. Sie unterscheidet sich in einigen Aspekten von der Diashow unter Windows. Das beginnt schon damit, dass die Diashow bei Picasa2 „Diaschau“ heißt.

1 Um die Diaschau von Picasa2 zu starten, markieren Sie zunächst in der Bibliotheksspalte des Programms den Ordner mit den Bildern, die Sie gern zeigen möchten.

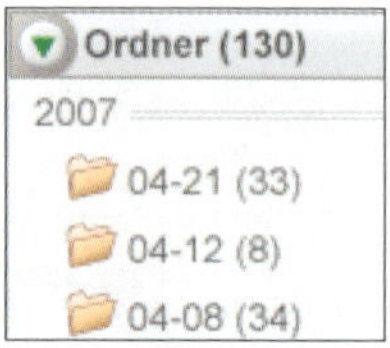

Stattdessen können Sie aber auch eines der Alben, die Sie unter Picasa2 angelegt haben, im Beispiel ●,

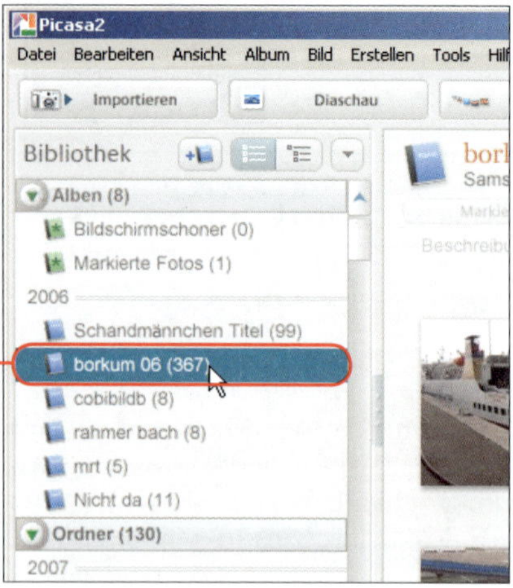

mit einem Mausklick für die Diaschau auszuwählen.

2 Ist dies erledigt, genügt ein Klick auf die Schaltfläche

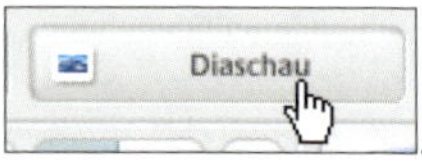

.

Daraufhin zeigt Ihnen Picasa2 alle Bilder, die es im ausgewählten Ordner oder Album findet, im Vollbildmodus.

Allerdings beschränkt sich das Programm darauf, jedes Bild nur einmal anzuzeigen. Wenn die Diaschau abgelaufen ist, sind keine Wiederholungen vorgesehen, und Sie müssen - sofern Sie das wünschen - die Schau von Neuem starten.

3 Natürlich bietet auch Picasa2 verschiedene Optionen, mit denen Sie den Ablauf der Diaschau beeinflussen können. Um Zugriff darauf zu bekommen, brauchen Sie nur, während die Schau läuft, die Maus kurz zu bewegen. Picasa2 hält daraufhin die Diaschau an und blendet Ihnen die passende Funktionsleiste unten ins Bild ein ●.

4 Der linke Teil dieser Funktionsleiste erklärt sich fast von selbst: Wollen Sie die Diaschau beenden, klicken Sie auf ●, der Pfeil nach links ● führt Sie zum vorherigen Bild zurück, der Kreis daneben ● setzt die Diaschau fort, und der Pfeil nach rechts ● bringt Sie sofort zum folgenden Bild.

5 Picasa2 hält aber auch hier noch ein paar Überraschungen bereit: Klicken Sie beispielsweise auf die Schaltfläche mit dem Stern ●,

wird das aktuelle Bild in der Bibliothek markiert und gleichzeitig ins Album „Markierte Fotos“ ● aufgenommen.

Auf diese Weise brauchen Sie – wenn Sie das Bild später bearbeiten müssen – nicht lange danach zu suchen.

6 Ausgesprochen praktisch sind auch die beiden Schaltflächen mit den sich nach rechts und nach links drehenden Pfeilen. Per Klick darauf wird das aktuell angezeigte Bild um 90° nach rechts ● oder links ●

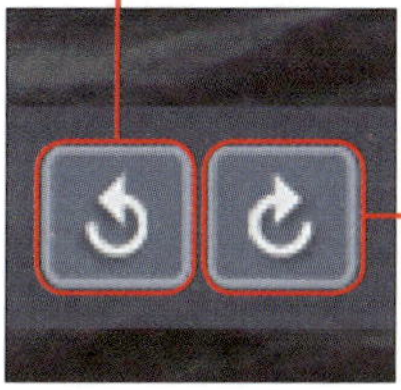

gedreht. Auch diese Bearbeitung betrifft zunächst nur Picasa2, schlägt sich also nicht auf das auf der Festplatte gespeicherte Bild nieder.

7 Schließlich gibt Ihnen auch Picasa2 die Möglichkeit, die Geschwindigkeit Ihrer Diaschau zu beeinflussen. Statt allerdings – wie bei Windows – zwischen den Optionen „schnell“, „mittel“ und „langsam“ wählen zu müssen, können Sie unter Picasa2 die Anzeigedauer jedes Bildes auf die Sekunde genau bestimmen. Klicken Sie dazu einfach auf die Schaltfläche ● oder ●

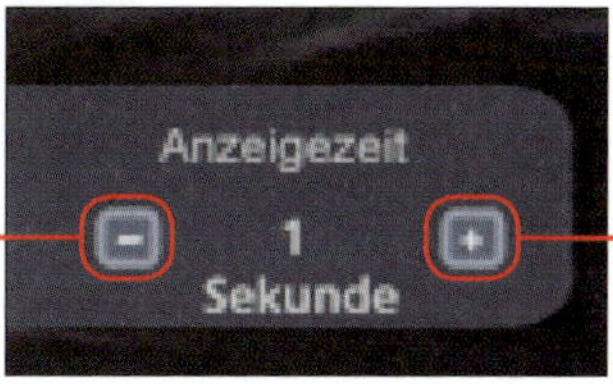

– je nachdem ob Sie die Anzeigezeit verlängern oder verkürzen wollen.

So stecken Sie Ihre Diaschau in die Tasche

So eine Diashow auf dem PC hat nicht nur Vorzüge, sondern leider auch einen Nachteil: Die Show bleibt in der Regel auf dem PC, auf dem sie auch angelegt und gespeichert wurde. Sofern Sie über einen tragbaren PC verfügen, ist das natürlich kein Problem. Wenn Sie Freunden Ihre Urlaubsbilder zeigen wollen, stecken Sie einfach den Laptop ein, packen ihn vor Ort wieder aus und starten die Show. Ein herkömmlicher Desktop-PC ist dazu leider etwas sperrig.

Hier bietet Picasa2 eine Lösung an: Brennen Sie Ihre Bilder einfach auf CDs. Dann können Sie sie auch auf einem fremden Computer vorführen.

1 Wählen Sie zunächst in der Bibliotheks-Ansicht den Ordner oder das Album aus, dessen Inhalt Sie vorzeigen möchten, und klicken Sie auf die Schaltfläche

.

Prompt ändert Picasa2 sein Erscheinungsbild und präsentiert sich Ihnen von einer bislang unbekannten Seite. Im Balken unterhalb der Miniaturbilder sehen Sie auch, wie viele CD-Rohlinge Sie sich bereitlegen sollten, im Beispiel ●.

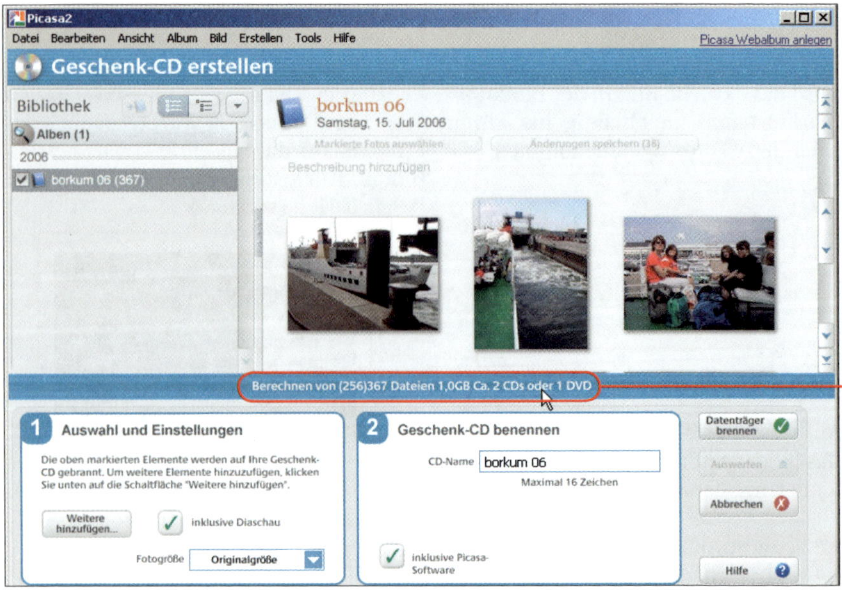

2 Ehe es nun ans Brennen der CDs geht, müssen Sie noch einige Einstellungen vornehmen. Links unten im Programmfenster haben Sie die Möglichkeit, weitere Bilder hinzuzufügen. Sollten Sie das wollen, genügt ein Mausklick auf die Schaltfläche ●.

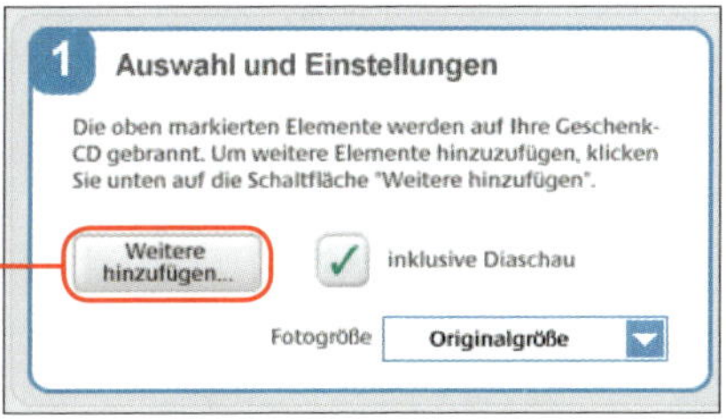

3 Nun können Sie in der Bibliothekliste im oberen Fensterteil weitere Bilder, Ordner oder Alben mit einem Mausklick markieren und so zu Ihrer CD hinzufügen.

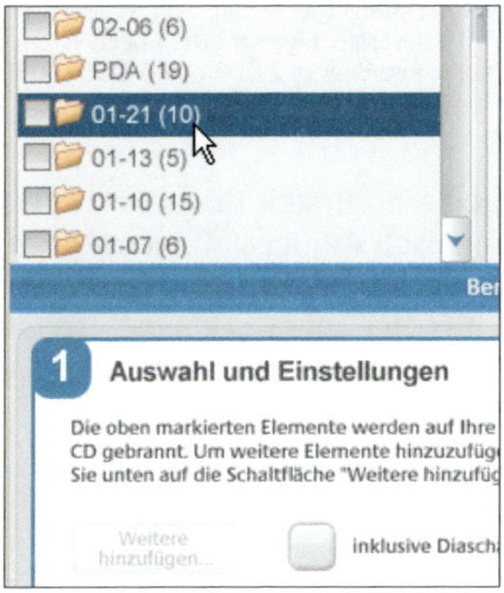

4 Achten Sie darauf, dass im Fenster „1" die Schaltfläche neben dem Hinweis „inklusive Diaschau" mit einem grünen Häkchen versehen ist: ●.

Sollte das Kästchen leer sein, müssen Sie hineinklicken, um das Häkchen zu setzen, sonst fehlt nämlich später die Funktion zur Diaschau.

5 Schließlich können Sie in diesem Fenster im Feld „Fotogröße" noch

! Bildgröße auf der CD

Wenn Sie die Bilder in Originalgröße speichern, verbrauchen Sie natürlich den meisten Platz auf der CD. Denn ein Foto, das mit einer **Auflösung** von 5 **Megapixeln** aufgenommen wurde, beansprucht nun mal rund 1,5 **Megabyte** an Speicherplatz. Falls Sie die Fotos auf der CD jedoch nur als Diaschau zeigen möchten, genügt es völlig, die Bilder in einer maximalen Bildschirmauflösung von 1600 x 1200 **Bildpunkten** auf die CD zu brennen. Dadurch senken Sie den Bedarf an CD-Rohlingen drastisch. Beachten Sie allerdings, dass die von Picasa2 angebotenen Bildgrößen „640 x 480" und „800 x 600" kaum mehr dem aktuellen Stand der Technik entsprechen und daher nicht unbedingt eine optimale Bildschirmwiedergabe garantieren. Schließlich sollten Sie aber auch bedenken, dass die Bildgröße „1600 x 1200" zwar eine gute Bildwiedergabe auf dem **Monitor** gewährleistet, bei Ausdrucken jedoch mit Qualitätsverlusten zu rechnen ist.

festlegen, in welcher Größe Ihre Bilder gespeichert werden sollen. Ein Klick auf den Pfeil neben dem Auswahlfenster

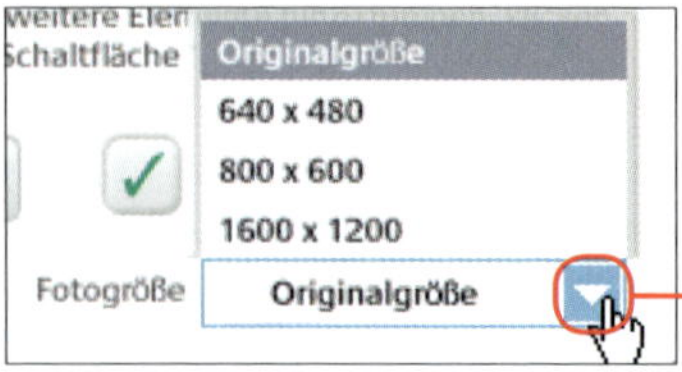

öffnet eine Liste, in der Sie die gewünschte Bildgröße mit einem Mausklick markieren.

6 Sind alle Vorbereitungen erledigt, können Sie in Fenster „2" noch einen Namen für die CD eingeben (hier ist der Name des Albums oder des Ordners voreingestellt). Zudem können Sie hier mit einem Mausklick auf das Feld

dafür sorgen, dass neben den Bildern auch das gesamte Programm Picasa2 mit auf die CD geschrieben wird. Denn wenn das Feld mit einem grünen Häkchen markiert ist, brennt Picasa2 die Software mit auf die CD. Vielleicht wollen Sie die CD ja wirklich verschenken, und dann haben die Beschenkten gleich alles parat.

Jetzt brauchen Sie nur noch auf die Schaltfläche

zu klicken.

7 Anschließend teilt Ihnen das Programm mit, wie viele Datenträger Sie brauchen, wie Sie diese zu beschriften haben und wann Sie diese ins CD-Laufwerk einlegen müssen.

Folgen Sie einfach den Anweisungen. Schon nach wenigen Minuten haben Sie eine CD (oder mehrere) in der Hand, die Sie nur ins Laufwerk eines fremden Rechners einzulegen brauchen, damit Ihre Diaschau automatisch startet.

9 Digitalfotos auf Papier

Vermutlich ist Ihnen das auch schon passiert: Sie sitzen in einem Zugabteil, das Sie mit einer freundlichen älteren Dame teilen. Sie kommen ins Gespräch, und früher oder später öffnet Ihr Gegenüber die Handtasche und zieht einen Stapel Fotos hervor: Kinder, Enkel, Haustiere, Nachbarn, Bilder vom letzten Urlaub - alles mit zahlreichen Geschichten, Anekdoten und Erinnerungen erläutert. Die Präsentation von Fotos kann also viel Spaß machen - zumindest für denjenigen, der die Bilder vorzeigt.

Schwieriger wird es logischerweise bei Digitalfotos, denn wer will schon ständig einen Laptop mitschleppen, um ein paar Schnappschüsse zu zeigen? Also müssen die Bilder gedruckt werden. Farbdrucker, die Fotoqualität liefern, sind heutzutage für wenig Geld zu haben, und auch Tinten und Fotopapiere sind mittlerweile ausgesprochen preiswert - es sei denn, Sie legen Wert auf Verbrauchsmaterialien, die vom Hersteller Ihres Druckers stammen. Aber es gibt wie gesagt günstige Alternativen.

Im neunten Kapitel dieses Buches erfahren Sie,
- wie Sie Bilder mit Windows ausdrucken,
- welche Möglichkeiten Ihnen Picasa2 zum Druck bietet
- und wie Sie Ihre Bilder bei Online-Entwicklungslabors drucken lassen können.

Kapitel-Wegweiser

So drucken Sie Ihre Fotos mit Windows 84
So drucken Sie Ihre Bilder mit Picasa2 86
Fotoabzüge mit Picasa2 bestellen 89

So drucken Sie Ihre Fotos mit Windows

Die einfachste Möglichkeit, Ihre Bilder zu Papier zu bringen, bietet der Windows-Explorer.

1 Um den Explorer zu starten, klicken Sie auf dem Windows-Desktop auf das Symbol

.

Dann wählen Sie links im geöffneten Explorer-Fenster mit einem Mausklick den Ordner ●

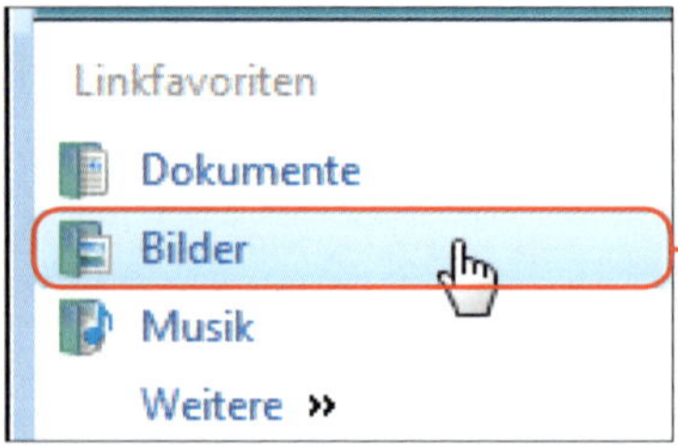

und wechseln in das Unterverzeichnis, in dem die Bilder gespeichert sind, die Sie ausdrucken wollen.

2 Wenn Sie eine der Bilddateien in diesem Verzeichnis anklicken, wird sie optisch hervorgehoben, im Beispiel ●.

Gleichzeitig ändert sich die Funktionszeile oben im Explorer-Fenster und bietet Ihnen nun unter anderem auch die Schaltfläche ●.

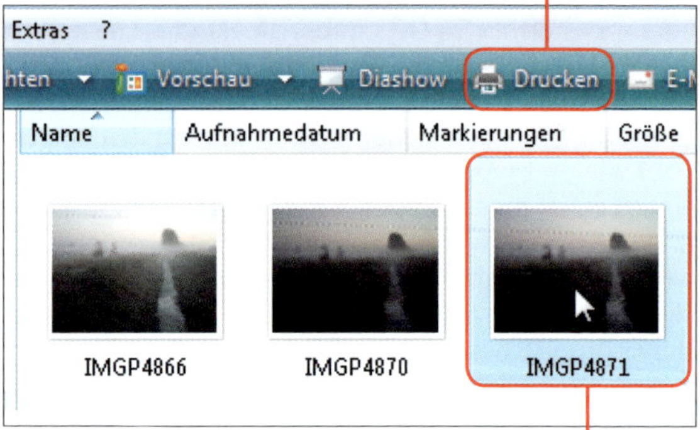

Um die markierte Bilddatei auszudrucken, klicken Sie einfach auf diese neue Schaltfläche.

3 Daraufhin startet Windows den Druck-Assistenten, ein Hilfsprogramm, das Ihnen beim Ausdrucken Ihrer Bilder zur Seite steht. Im oberen Bereich des Assistenten-Fensters können Sie die wichtigsten Druckeinstellungen vornehmen: welcher der angemeldeten Drucker genutzt werden soll ❶, welche Papiergröße verfügbar ist ❷, welche Druckqualität Sie bevorzugen ❸ und welcher Papiertyp ❹ im Drucker eingelegt ist.

4 Um beispielsweise eine andere Druckqualität auszuwählen, klicken Sie ne-

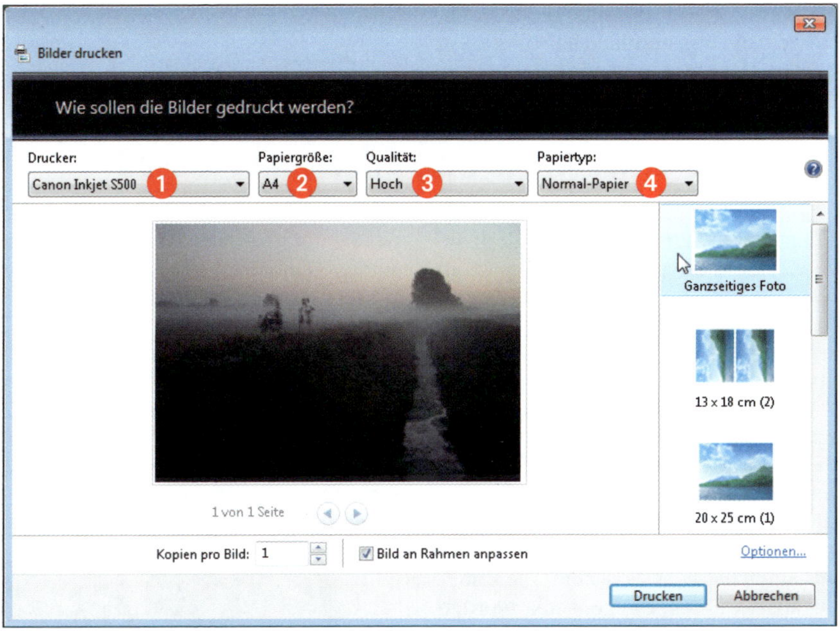

ben dem entsprechenden Eintrag auf den nach unten weisenden Pfeil

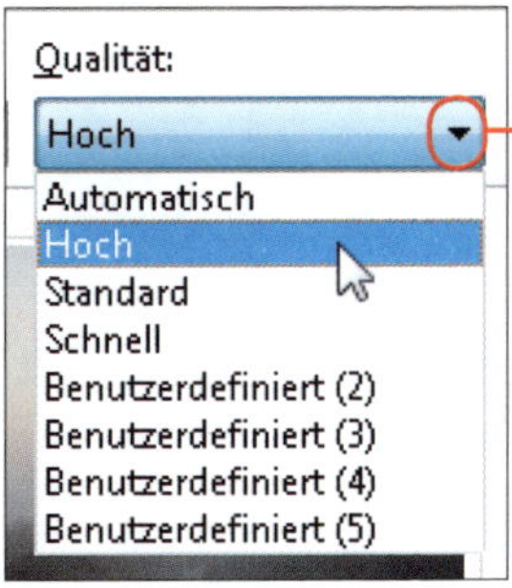

und markieren die gewünschte Qualität mit einem Mausklick.

5 In der rechten Spalte des Assistenten-Fensters zeigt Ihnen Windows verschiedene Optionen für das Format Ihres Ausdrucks. Je nachdem, welche Aufteilung Sie hier per Klick wählen, ändert sich die Vorschau in der Mitte des Fensters: .

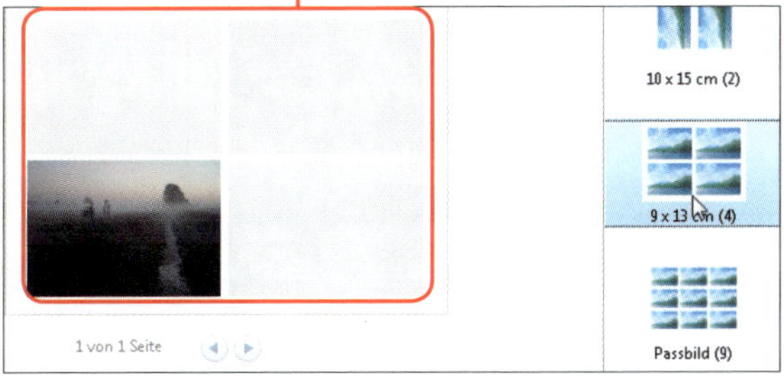

6 Wenn Sie alle Einstellungen wunschgemäß vorgenommen haben, starten Sie den Druckvorgang mit einem Mausklick auf die Schaltfläche ●.

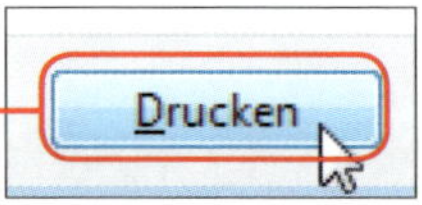

So drucken Sie Ihre Bilder mit Picasa2

Ebenso wie Windows bietet auch Picasa2 eine komfortable Möglichkeit zum Ausdrucken Ihrer Bilder. Die eigentlichen Druckfunktionen von Picasa2 sind zwar kaum anders als bei Windows, aber die Bedienung ist komfortabler.

Wie Sie im letzten Abschnitt gesehen haben, können Sie mit Windows nur Bilder ausdrucken, die sich im selben Unterordner befinden. Hier spielt Picasa2 mit den „Alben" seine Stärken aus.

1 Zunächst geht es darum, die Bilder auszuwählen, die gedruckt werden sollen. Dazu können Sie die Bibliotheksansicht ebenso nutzen wie die Einzelansicht der Bilder oder gar die Diaschau. In der Bibliotheksansicht (siehe Schritt 4 auf Seite 56) wählen Sie das zu druckende Bild mit einem einfachen Mausklick aus. Anschließend klicken Sie auf das Sternsymbol ●,

das Sie unterhalb der Miniaturansichten finden. Damit haben Sie das Foto für die weitere Bearbeitung vorgemerkt.

2 Das Sternsymbol steht Ihnen auch zur Verfügung, wenn Sie die Bilder in der Einzelansicht (siehe Schritte 1 und 2 auf Seite 62) betrachten. Auch hier können Sie das aktuell angezeigte Bild mit einem Mausklick auf ● zur weiteren Bearbeitung markieren.

3 Und selbst in der Diaschau (siehe Seite 78) können Sie ein Bild vormerken: Wenn Sie während der Diaschau die Maus bewegen, erscheint eine Steuerungsleiste, wo Sie abermals das Sternsymbol finden: ●.

Ein Klick darauf – und das jeweilige Bild ist markiert.

4 Wenn alle Bilder, die Sie drucken möchten, vorgemerkt sind, finden Sie sie in dem Album „Markierte Fotos“, das Picasa2 automatisch angelegt hat: ●.

5 Um diese nun auszudrucken, brauchen Sie nur in der Bibliotheksansicht auf den Eintrag ●

und anschließend auf die Schaltfläche ●

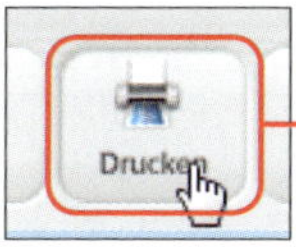

zu klicken.

6 Daraufhin sehen Sie die Druckfunktion von Picasa2, die sich – abgesehen vom anderen Layout – nur wenig von der des Windows-Assistenten unterscheidet.

Auch Picasa2 bietet Ihnen die Möglichkeit, die Aufteilung Ihrer Ausdrucke mit einem Mausklick zu bestimmen.

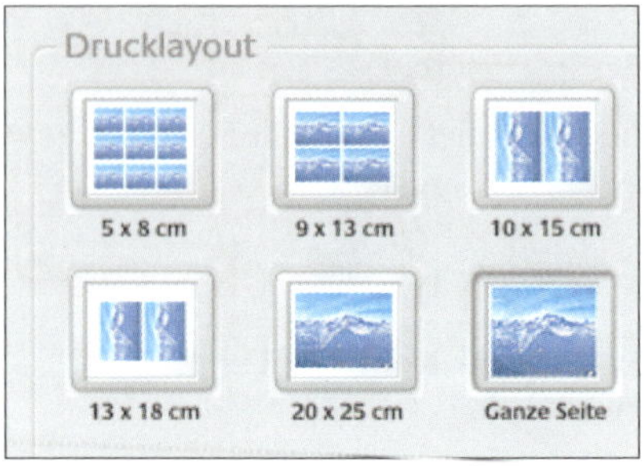

7 Zudem können Sie das Foto mit Picasa2 an das Papierformat anpassen. Um das gesamte Bild aufs Papier zu bringen, klicken Sie auf ●. Möchten Sie stattdessen das Papier optimal nutzen und sind bereit, hierfür etwas vom Rand der Aufnahme zu opfern (siehe Kasten), so klicken Sie auf ●.

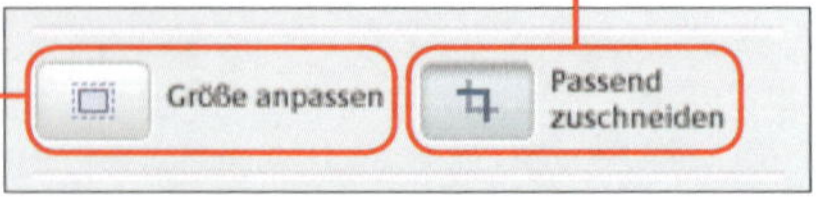

8 Wie Sie es von Windows her kennen, haben Sie auch bei Picasa2 die Möglichkeit, den Drucker auszuwählen ●

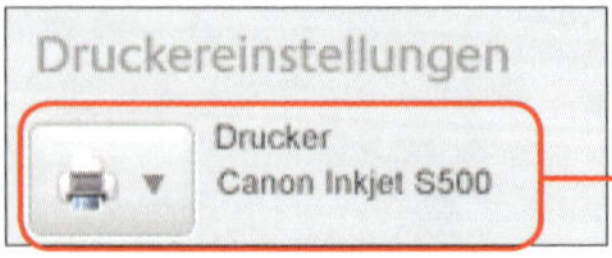

und die Druckersteuerung aufzurufen. Außerdem können Sie die Anzahl der Ausdrucke bestimmen, indem Sie auf ● klicken.

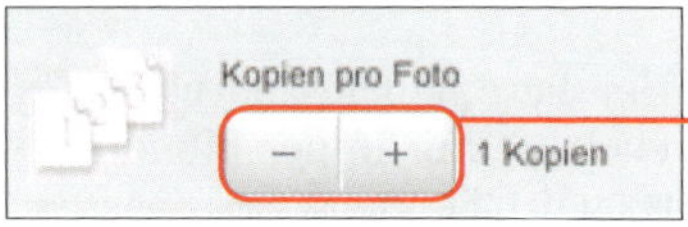

Papierformate

Die beiden in Schritt 7 erwähnten Schaltflächen sind nötig, weil die Formate, die Picasa2 zum Ausdruck anbietet, nicht mit dem Seitenverhältnis von Digitalfotos übereinstimmen. Wenn Sie also die Schaltfläche „Passend zuschneiden" aktivieren, schneidet Picasa2 Ihr Foto an den Rändern so weit zurecht, dass es das gewählte Papierformat optimal ausfüllt.

Aktivieren Sie dagegen die Schaltfläche „Größe anpassen", bleibt das Bild unbeschnitten. Allerdings müssen Sie damit leben, dass die Ränder auf dem Ausdruck etwas größer sind.

9 Unterhalb der Druckvorschau finden Sie zum guten Schluss noch zwei Schaltflächen, die es Ihnen erlauben, mit der Maus zwischen den verschiedenen Druckseiten hin- und herzublättern.

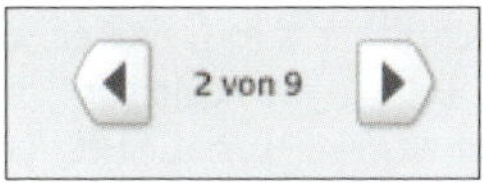

10 Abermals beginnen Sie den Druckvorgang mit einem Mausklick auf die Schaltfläche ●.

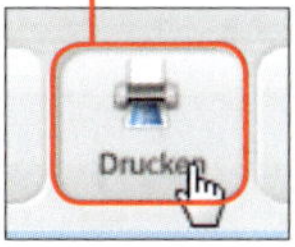

Fotoabzüge mit Picasa2 bestellen

Nicht jeder besitzt einen Farbdrucker, mit dem sich Bilder in Fotolaborqualität ausdrucken lassen. Daher gibt Ihnen Picasa2 die Möglichkeit, Ihre Bilder übers Internet an verschiedene Fotolabore zu übertragen und diese mit der Anfertigung von Abzügen zu beauftragen. Dies ist nicht nur dann interessant, wenn Sie keinen eigenen Farbdrucker haben. Viele Labore bieten Ihnen auch Abzüge, die über das bei Druckern übliche Maximalformat von DIN A4 hinausgehen, oder sind in der Lage, Ihre Bilder auf Mousepads, Bierkrüge, T-Shirts oder Tassen zu drucken.

1 Zunächst stellen Sie die Fotos, von denen Sie Abzüge bestellen wollen, in einem Album zusammen, wie im vorigen Abschnitt in den Schritten 1 bis 4 gezeigt. Klicken Sie dann, nachdem Sie den Eintrag „Markierte Fotos“ in der Bibliotheksansicht ausgewählt haben, am unteren Bildschirmrand auf die Schaltfläche ●.

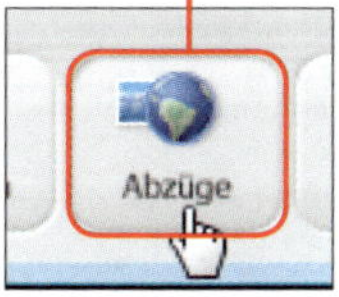

2 Wenn Ihr PC nun eine Online-Verbindung zum Internet hat, zeigt Picasa2 jetzt die **Internetseite** an, auf der verschiedene Online-Bilderdienste ihre Services anbieten.

Um einen dieser Bilderdienst aufzusuchen, klicken Sie einfach auf die Schaltfläche, die sich unter dem Logo des jeweiligen Unternehmens befindet, beispielsweise ●.

3 Was als Nächstes passiert, ist von Ihrer Wahl des Bilderdienstes abhängig. In den meisten Fällen werden Sie zuerst ein Konto anlegen müssen, indem Sie Ihre E-Mail-Adresse eingeben und ein Passwort ●

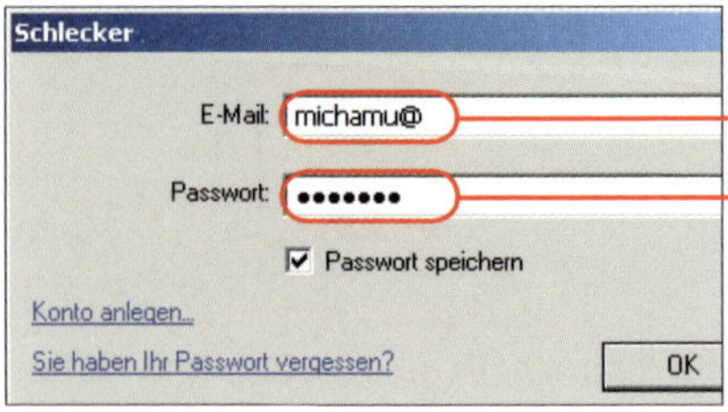

festlegen, mit dem Sie sich beim jeweiligen Bilderdienst identifizieren können.

Auswahl des Bilderdienstes

Bei Ihrer Wahl des Bilderdienstes wird der Preis sicherlich eine wichtige Rolle spielen. Sie sollten dabei aber bedenken, dass die fertigen Bilder in der Regel per Post an Sie geschickt werden müssen. Selbst bei preiswerten Abzügen kommen also noch – teils recht üppige – Versandkosten hinzu. So kann es erheblich günstiger sein, einen Drogeriemarkt zu beauftragen, dessen nächste Filiale sich in Laufweite zu Ihrer Wohnung befindet – denn dann fallen keine Versandkosten an.

4 Anschließend werden die Bilder aus dem markierten Album automatisch zum gewählten Bilderdienst überspielt, wo sie nach einer angemessenen Ladezeit angezeigt werden. Die meisten Bilderdienste bieten Ihnen sofort Abzüge in einem Standardformat an. Häufig können Sie das Format aber auch ändern. Wichtig ist, dass Sie sich genügend Zeit lassen für die Entscheidung und dass Sie sich auch über die Gesamtkosten informieren, bevor Sie schließlich Ihre Abzüge oder die T-Shirts, Tassen oder Bierkrüge mit Ihren Fotomotiven bestellen.

10 Bilder im Internet publizieren

Digitale Fotos bieten zweifellos viele Vorteile gegenüber den Papierbildern und Dias, die die herkömmliche Fotografie produzierte: Es dauert nur Sekunden, bis sich das Ergebnis begutachten lässt, Sie können die Bilder auf dem PC-Monitor oder einem Fernseher vorführen, ohne umständlich eine Leinwand aufbauen zu müssen, und auf Wunsch ist es auch möglich, die Bilder auszudrucken.

Neuerdings kommt im Zuge der modernen Informationstechnologie noch eine interessante Fähigkeit hinzu: So haben sich in den vergangenen Jahren im Internet Gemeinschaften gebildet, in denen sich Digitalfotografen aus aller Welt treffen, um Fotos, Ideen und Anregungen auszutauschen. Im Rahmen dieser sogenannten Foto-Communities können Sie Ihre Bilder mit einem Minimum an Aufwand einem größeren Publikum bekannt machen.

Im zehnten Kapitel dieses Buches lernen Sie drei dieser Foto-Communities kennen:
- das Picasa **Internet-Fotoalbum**, mit dem Sie Ihre Fotos verteilen können,
- die ambitionierte deutschsprachige Internet-Gemeinschaft „View“
- und die größte Fotogemeinschaft der Welt, „Flickr“.

Kapitel-Wegweiser

Picasa2 im Internet: Fotoalbum online ... 92
So melden Sie sich bei den „Picasa-Webalben“ an ... 92
Bilder zu den „Picasa-Webalben“ übertragen ... 94
So werden Internet-Fotoalben benutzt ... 96
Neue Bild-Ideen: View ... 98
So übertragen Sie Bilder in View ... 99
Die größte Fotogemeinschaft: Flickr ... 102
So melden Sie sich bei Flickr an ... 102
So übertragen Sie Bilder zu Flickr ... 103

Picasa2 im Internet: Fotoalbum online

Picasa2 verfügt erst seit kurzem über die Fähigkeit, Fotos im Internet zu veröffentlichen. Die Internet-Fotoalben bieten Ihnen kostenlos 250 **Megabyte** Speicherplatz. Das sollte eigentlich ausreichen, um die Fotos vom letzten Vereinsfest zu speichern. Wenn nicht, können Sie sich - gegen eine gewisse Gebühr - weiteren Speicherplatz dazumieten.

So melden Sie sich bei „Picasa-Webalben“ an

1 Wie bei Picasa2 üblich, wählen Sie zunächst in der Bibliotheksansicht das Verzeichnis oder Album aus, das Sie im Internet veröffentlichen wollen. Lesen Sie gegebenenfalls auf Seite 57/58 in den Schritten 1 bis 5 nach, wie Sie dabei vorgehen müssen. Um die Internet-Fotoalben zu starten, klicken Sie dann einfach links unten im Picasa2-Fenster auf die Schaltfläche.

2 Daraufhin öffnet sich das Fenster „Picasa-Webalben“, in dem Sie Ihre Fotos auf Ihr Konto überspielen können. Um das zu tun, müssen Sie sich allerdings

> **! Der erste Klick auf die Internet-Alben**
>
> Wenn Sie zum ersten Mal auf die Schaltfläche „Webalbum“ klicken, zeigt Ihnen das Programm zunächst ein Fenster, in dem es Sie auf die Vorteile dieses – vergleichsweise – neuen Service aufmerksam macht. Beim zweiten Klick werden Sie dann direkt mit dem Anmelde-Fenster konfrontiert.

erst einmal für die Internet-Fotoalben anmelden. Daher klicken Sie zunächst auf die Schaltfläche.

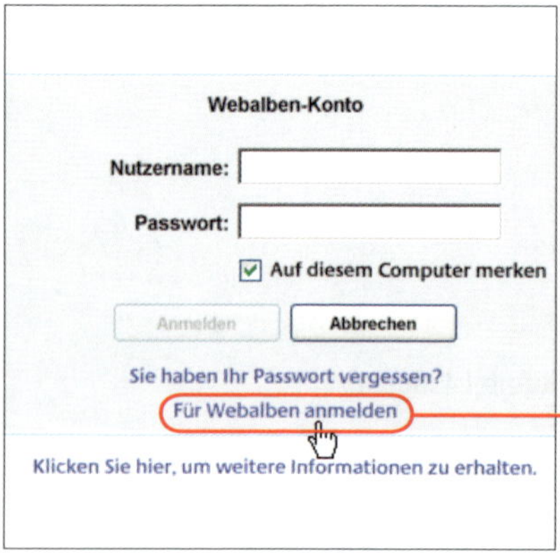

3 Nun startet Picasa2 Ihr Internetanzeigeprogramm und bringt Sie automatisch auf die Seite für die Anmeldung. Wenn Sie sich bereits bei einem anderen Google-Dienst angemeldet haben (z.B.

„Google Mail“ oder „Google Alerts“), gilt Ihre Benutzerkennung für diese Dienste auch für die Internet- beziehungsweise Webalben. Ist dies nicht der Fall, klicken Sie auf ●.

4 Nun beginnt die Anmeldeprozedur, die im Wesentlichen aus drei Schritten besteht: Zunächst geben Sie Ihre aktuelle E-Mail-Adresse ● und ein Passwort ● ein.

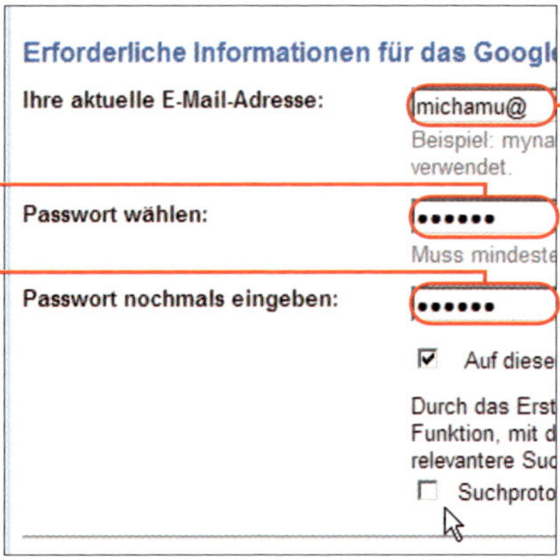

5 Als Nächstes müssen Sie sich identifizieren: Denken Sie sich dazu einen Nutzernamen für die Internet-Alben aus, und nennen Sie Ihren Namen und Vornamen. Schließlich müssen Sie noch beweisen, dass Sie ein richtiger Mensch – und nicht etwa ein Internetprogramm auf der Suche nach nicht autorisierten Informationen – sind. Hierfür müssen Sie die kryptischen Zeichen im Bereich ● in das Feld darunter ● eintippen.

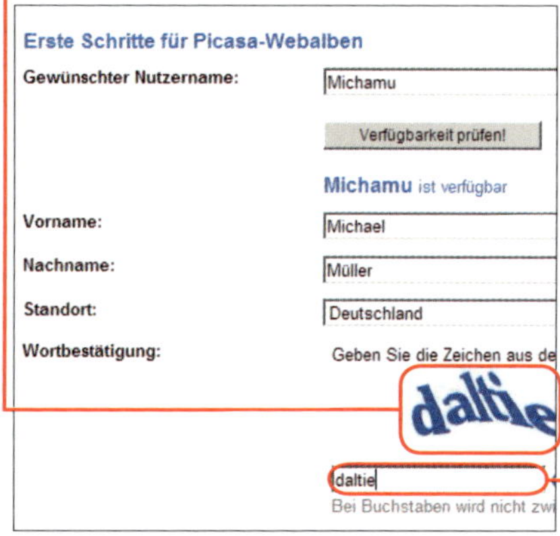

6 Zum Schluss werden Sie aufgefordert, die allgemeinen Geschäftsbedingungen zu lesen. Wenn Sie dies getan haben und damit einverstanden sind, klicken Sie einfach auf die Schaltfläche ●.

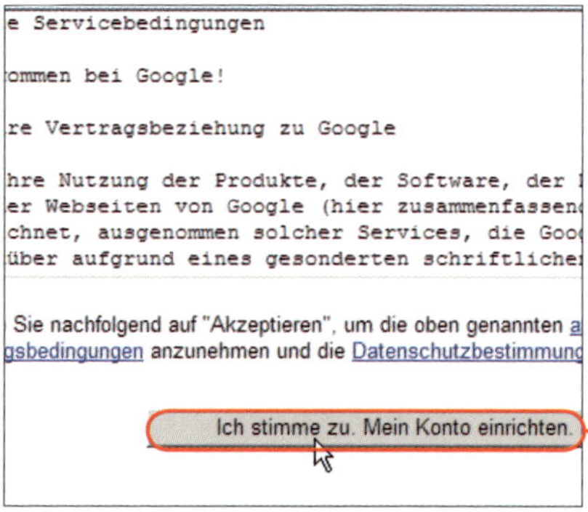

7 Nun möchte auch Picasa2 sicherstellen, dass Sie sich korrekt ausgewiesen haben. Also schickt es eine Nachricht an die von Ihnen angegebene E-Mail-Adresse. Öffnen Sie Ihr E-Mail-Programm, und bestätigen Sie Ihre Anmeldung mit einem Mausklick auf die in der E-Mail genannte Internetadresse.

Daraufhin erfahren Sie, dass Ihr Google-Konto nun aktiviert ist:.

Achtung: Wartezeit möglich!

Zwar schickt Ihnen Picasa2 sofort die E-Mail, aus der Sie ersehen, dass Ihr Webalbum-Konto aktiviert ist. In der Praxis kann es allerdings vorkommen, dass der im nächsten Abschnitt beschriebene Ladevorgang zunächst mit dem Hinweis „Authentifizierung nicht möglich“ gestoppt wird. Das liegt daran, dass Picasa zwar unheimlich schnell E-Mails versenden kann, es aber ein paar Minuten braucht, bis sich die Freigabe Ihres neuen Kontos in den zuständigen Datenbanken „herumgesprochen“ hat. Am besten machen Sie nach dem Empfang der E-Mail eine kleine Kaffeepause. Nach wenigen Minuten funktioniert dann auch die Authentifizierung.

Bilder zu den „Picasa-Webalben“ übertragen

1 Wenn Sie nun wieder in das Fenster von Picasa2 wechseln, finden Sie dort immer noch das Startfenster für die Internet-Fotoalben (siehe Schritt 2 des vorigen Abschnitts). Hier können Sie nun Ihren Benutzernamen sowie das von Ihnen gewählte Passwort eingeben und anschließend auf die Schaltfläche klicken.

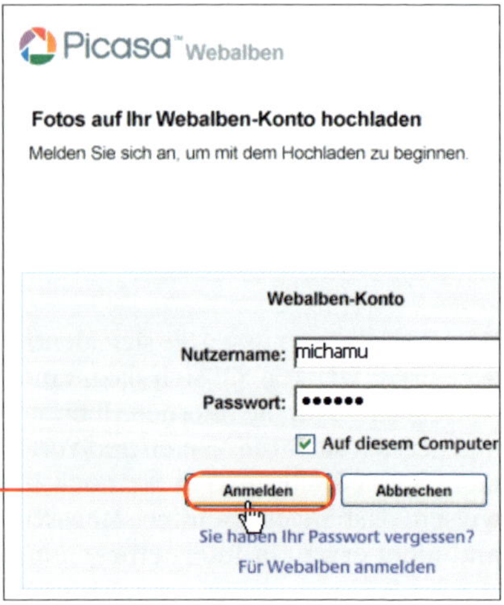

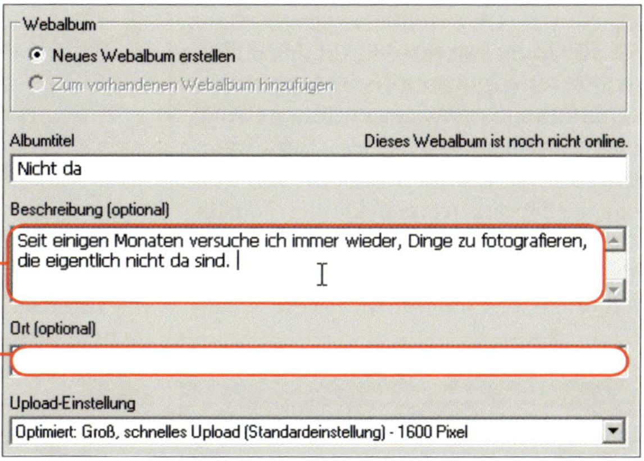

2 Anschließend öffnet sich ein Fenster, in dem der Name des Albums oder Verzeichnisses, das Sie zu Anfang ausgewählt haben, bereits eingetragen ist. Wenn Sie mögen, können Sie hier noch ein paar Bemerkungen und den Ort der Aufnahmen eingeben.

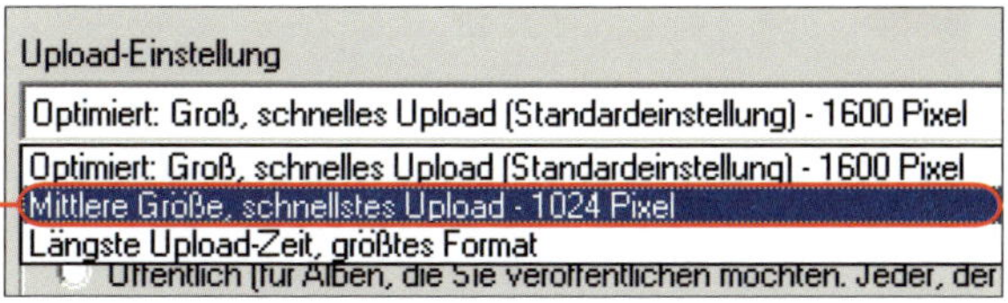

3 Im selben Fenster können Sie auch die Größe der Online-Fotos bestimmen: Die Voreinstellung beträgt 1600 **Pixel** – gut genug, um Bilder im Internet zu betrachten. Verfügen Sie dagegen nur über eine langsame Internetverbindung, sollten Sie die Liste per Klick auf den Pfeil öffnen und die Option „mittlere Größe“ anklicken. Falls Sie eine schnelle Verbindung besitzen, können Sie ruhig die Option „Längste **Upload-**Zeit, größtes Format“ auswählen.

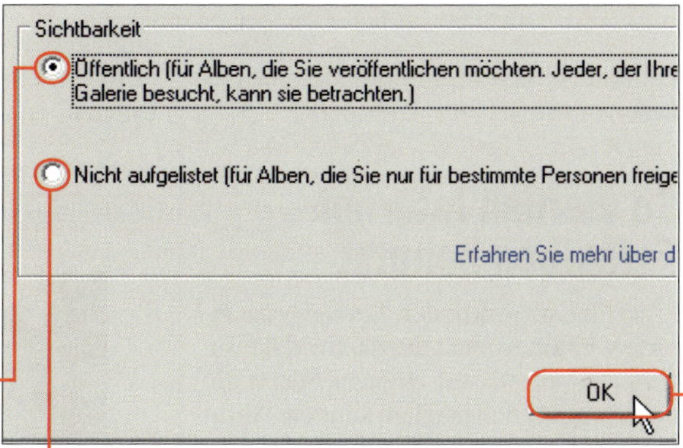

4 Schließlich müssen Sie noch entscheiden, ob Ihre Bilder von allen Besuchern der Webalben angesehen werden können oder nur von bestimmten Personen. Setzen Sie dazu neben der gewünschten Option per Mausklick einen Punkt in den Kreis, und klicken Sie anschließend, wenn Sie alle Einstellungen vorgenommen haben, auf.

5 Nun ist etwas Geduld angesagt, denn abhängig von der Anzahl der Bilder, der Geschwindigkeit Ihres Internetanschlusses sowie der ausgewählten Größe der Bilder kann der Übertragungsvorgang einige Minuten dauern. Derweil hält Sie Picasa2 in einem kleinen Fenster auf dem Laufenden. Ist der Ladevorgang abgeschlossen, verändert sich das Fenster, und nach einem Klick auf die Schaltfläche

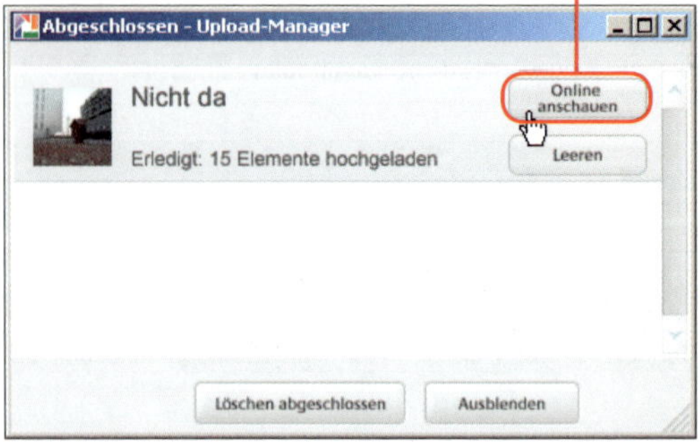

können Sie sich Ihre Bilder gleich ansehen.

So werden Internet-Fotoalben benutzt

Einer der wesentlichen Vorteile der Picasa-Webalben besteht darin, dass Sie Ihre Digitalfotos auf einfache Weise anderen zugänglich machen können. Wenn Sie beispielsweise auf einem Vereinsabend Bilder geschossen haben, brauchen Sie die Fotos nun nicht mehr auf CDs zu brennen oder per Memory-Stick zu verteilen.

1 Wenn Sie nach dem Hochladen Ihrer Bilder auf die Schaltfläche

geklickt haben, sehen Sie Ihr Album im Internet vor sich. In der Adresszeile Ihres Internetanzeigeprogramms ist die dazugehörige Internetadresse angegeben, im Beispiel .

Diese können Sie einfach an Ihre Freunde oder Vereinskameraden weitergeben, damit auch sie Zugang zu Ihren Bildern haben.

2 Sobald diese Adresse in ein Internetanzeigeprogramm eingegeben wird, sieht der Betrachter (also etwa Ihr Vereinskamerad) das von Ihnen überspielte Album, im Beispiel ,

- aber er hat keine Möglichkeit, es in irgendeiner Form zu verändern.

3 Um ein bestimmtes Foto genauer anzusehen, genügt ein Doppelklick auf das entsprechende Bild. Dann schaltet das Webalbum in den Einzelbildmodus um, der dem von Picasa2 nicht unähnlich ist: ●.

4 Sollte nun einer Ihrer Freunde oder Vereinskameraden ein Bild finden, das er gern zu seiner Sammlung hinzufügen oder ausdrucken würde, genügt dazu ein Mausklick auf ●.

Nun fehlt nur noch die Bestätigung der Abfrage ●

und der Angabe, wo die Bilddatei gespeichert werden soll ●.

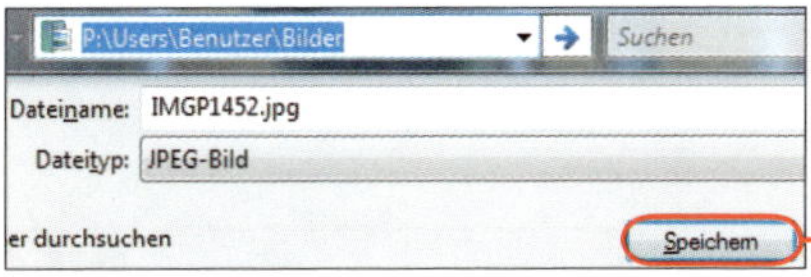

5 Windows lädt das ausgewählte Bild daraufhin auf die Festplatte der Person, die das Foto angefordert hat. Nun lassen sich die Eigenschaften der Bilddatei in Augenschein nehmen. Um das Eigenschaftenfenster ●

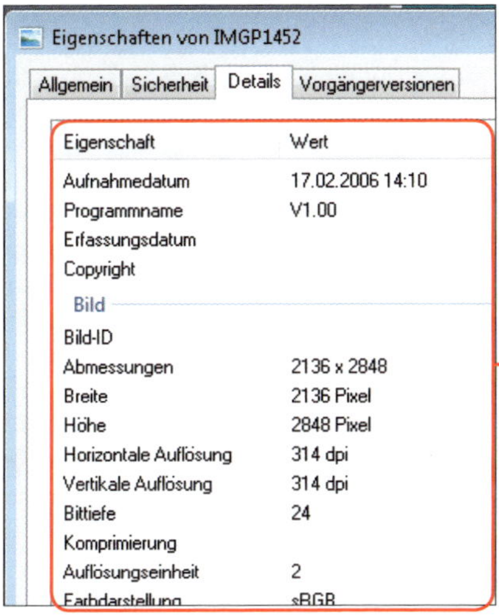

zu öffnen, markieren Sie die Datei und drücken die Tastenkombination [Alt] + [↵]. Im Beispielbild rechts lässt sich gut erkennen, dass das Foto in seiner ursprünglichen Größe und Qualität erhalten geblieben ist. Es müsste sich also verlustfrei ausdrucken lassen.

Neue Bild-Ideen: View

Mit den Picasa-Webalben können Sie Ihre Fotos verlustfrei - also in voller **Auflösung** - speichern und für Ihre Freunde, Bekannten und Vereinskameraden zum Herunterladen bereitstellen. Ohne Frage eine praktische Sache. Wenn Sie aber Fotoalben anderer Digitalfotografen durchblättern wollen - zum Beispiel um sich zu neuen Bildmotiven anregen zu lassen -, wird es schwierig. Denn dazu müssten Sie bei Picasa2 schon deren Adressen kennen.

Ambitionierte Digitalfotografen treffen sich daher in der Fotogemeinschaft „View". Dort können sie ihre Bilder anderen präsentieren und kommentieren.

1 Um in die View-Gemeinschaft zu gelangen, geben Sie einfach die Adresse

in die Adresszeile Ihres Internetanzeigeprogramms ein und bestätigen wie üblich mit der [↵]-Taste.

2 Darauf befinden Sie sich bereits auf der Startseite dieses Online-Bilderdienstes, der vom Verlag Gruner & Jahr betrieben wird. Hier können Sie mit einem Mausklick auf

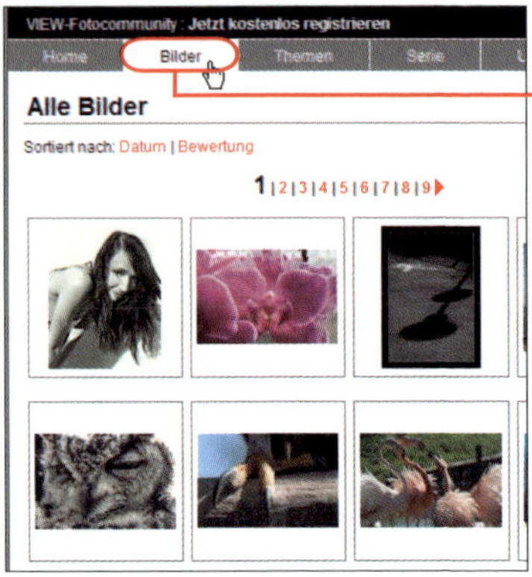

sofort damit beginnen, die Bilder anderer Digitalfotografen durchzublättern.

3 Wenn Sie allerdings Ihre eigenen Fotos in View veröffentlichen wollen, klicken Sie zunächst in der Kopfzeile des View-Fensters auf die Schaltfläche ●.

4 Wie Sie das schon von den Picasa-Webalben her kennen, müssen Sie nun einige Angaben zu Ihrer Person machen.

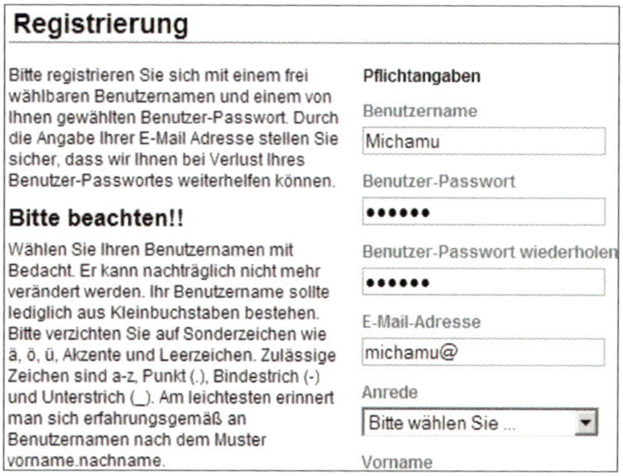

Registrierung

Bitte registrieren Sie sich mit einem frei wählbaren Benutzernamen und einem von Ihnen gewählten Benutzer-Passwort. Durch die Angabe Ihrer E-Mail Adresse stellen Sie sicher, dass wir Ihnen bei Verlust Ihres Benutzer-Passwortes weiterhelfen können.

Bitte beachten!!

Wählen Sie Ihren Benutzernamen mit Bedacht. Er kann nachträglich nicht mehr verändert werden. Ihr Benutzername sollte lediglich aus Kleinbuchstaben bestehen. Bitte verzichten Sie auf Sonderzeichen wie ä, ö, ü, Akzente und Leerzeichen. Zulässige Zeichen sind a-z, Punkt (.), Bindestrich (-) und Unterstrich (_). Am leichtesten erinnert man sich erfahrungsgemäß an Benutzernamen nach dem Muster vorname.nachname.

Pflichtangaben

Benutzername
Michamu

Benutzer-Passwort
••••••

Benutzer-Passwort wiederholen
••••••

E-Mail-Adresse
michamu@

Anrede
Bitte wählen Sie ...

Vorname

5 Außerdem ist es notwendig, dass Sie die „Privacy Policy“ ● sowie die „AGB“ (=Allgemeine Geschäftsbedingungen) ●

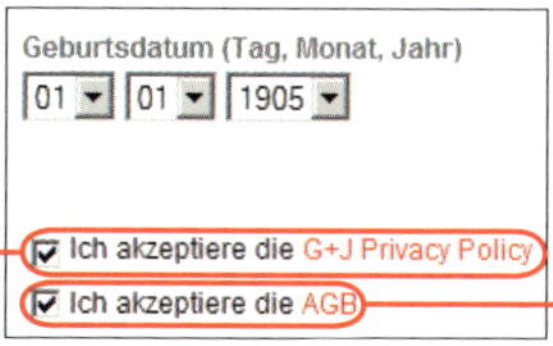

akzeptieren. Klicken Sie dazu in die jeweiligen Kästchen, damit darin ein Häkchen erscheint wie in der Abbildung.

6 Erst wenn das erledigt ist, können Sie Ihre Anmeldung bei View mit einem Klick auf die Schaltfläche ●

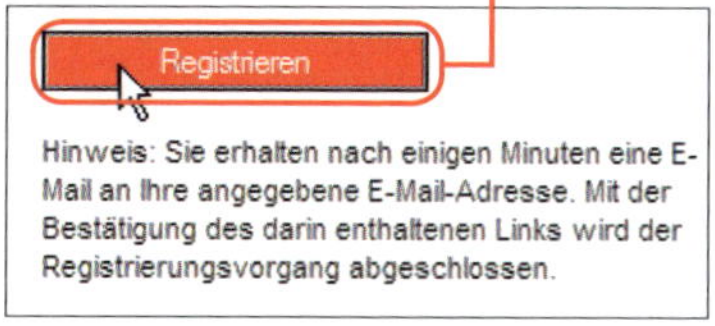

beenden. Abermals erhalten Sie eine E-Mail, die einen Link enthält, der Ihre Anmeldung tatsächlich bestätigt, sobald Sie darauf klicken (vgl. Schritt 7 auf Seite 93/94).

So übertragen Sie Bilder in View

Nachdem Sie über einen Benutzernamen und ein Passwort für die View-Community verfügen, können Sie sich bei View einloggen.

So übertragen Sie Bilder in View

1 Klicken Sie dazu, wenn Sie die entsprechenden Eingaben gemacht haben, auf ●.

Anschließend landen Sie auf Ihrer Benutzerseite, wo Sie links Ihren Status in der Online-Gemeinschaft sehen können, im Beispiel ●.

2 Unterhalb dieser Informationen finden Sie die verschiedenen Funktionen von View. Klicken Sie hier auf die Schaltfläche ●

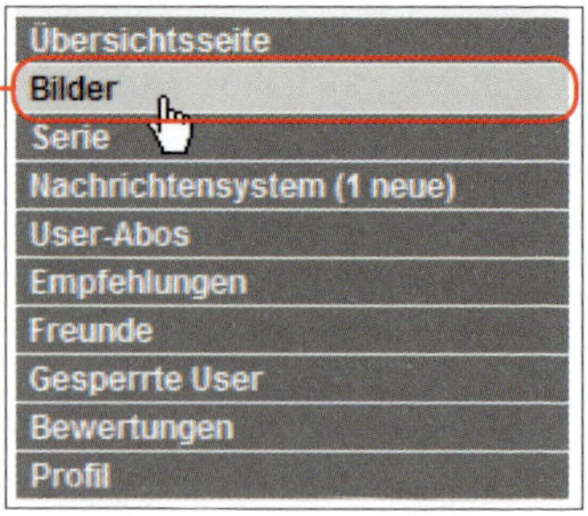

und in der daraufhin aufklappenden Auswahl auf ●.

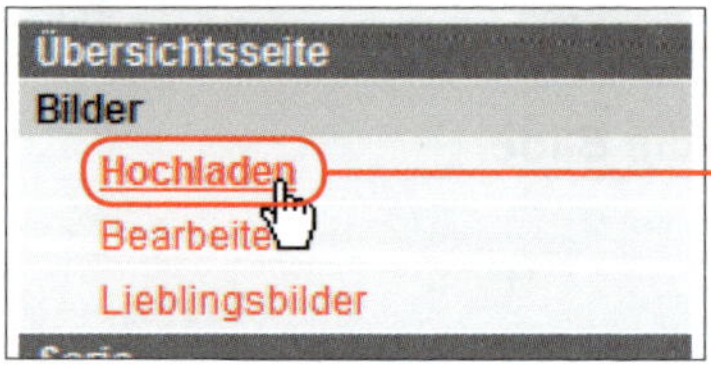

3 Im rechten – größeren – Bereich des View-Fensters erscheint jetzt ein Feld, in dem Sie die Dateinamen der Bilder, die Sie in View speichern möchten, eingeben können. Einfacher ist es natürlich, wenn Sie auf die Schaltfläche ● klicken.

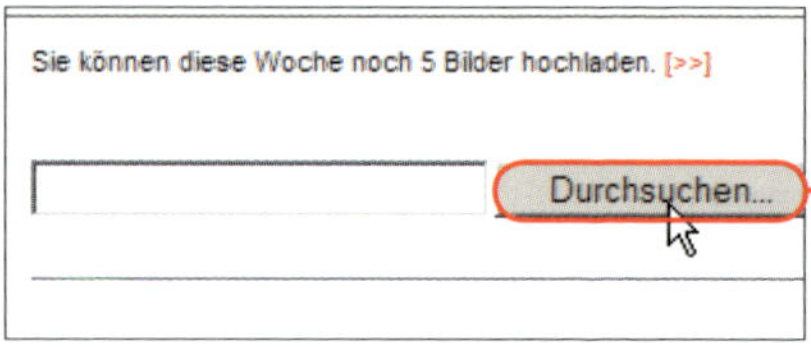

Windows öffnet dann ein Explorer-Fenster, in dem Sie ein Bild, das übertragen werden soll, nur doppelt anzuklicken brauchen.

4 Anschließend befinden Sie sich wieder im View-Fenster, wo Sie das ausgewählte Bild mit einem Mausklick auf die Schaltfläche

zum Hochladen vormerken.

5 Nun wird vom Programm geprüft, ob das Bild in View überhaupt gespeichert werden kann. Häufig stellt sich dabei heraus, dass das Bild zu groß ist, denn View bietet Ihnen nur beschränkten Speicherplatz. Um hier Probleme zu vermeiden, ohne gleichzeitig die Bildgröße von Hand anpassen zu müssen, lassen Sie das Programm tätig werden: Wenn Sie per Klick in das Kontrollkästchen

ein Häkchen setzen wie in der Abbildung, passt View die Größe selbstständig an.

6 Falls Sie noch weitere Bilder in View laden wollen, wiederholen Sie die Schritte 3 bis 5. Ist die Liste vollständig, starten Sie den eigentlichen Vorgang der Übertragung mit einem Klick auf die Schaltfläche.

Nach kurzer Zeit bestätigt View, dass der Ladevorgang erfolgreich war.

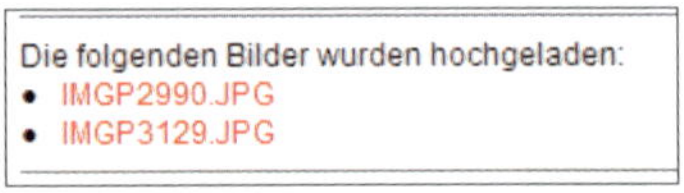

7 Um sich nun vom Erfolg Ihrer Aktion zu überzeugen, klicken Sie in der Funktionsleiste von View auf ●.

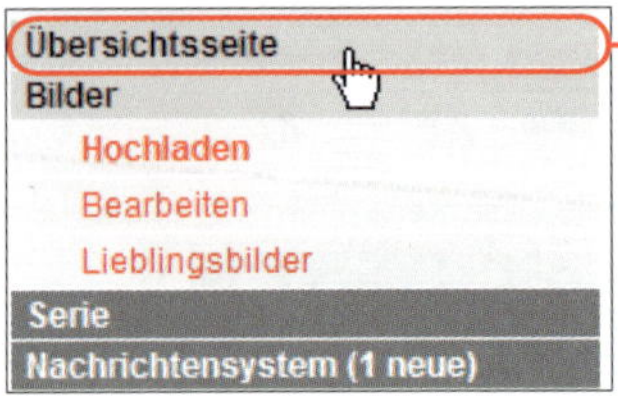

Daraufhin sehen Sie alle Bilder, die Sie bisher in View gespeichert haben.

Die größte Fotogemeinschaft: Flickr

Wie eingangs erwähnt, heißt die größte Fotogemeinschaft der Welt „Flickr“. Diese Online-Gemeinschaft existiert bereits seit 2002 und wird seit 2005 von der Firma Yahoo! betrieben. Von den über fünf Millionen Digitalfotografen aus aller Welt, die sich hier zusammenfinden, wurden schon mehrere Milliarden Bilder ins Netz gestellt.

So melden Sie sich bei Flickr an

1 Um sich bei Flickr anzumelden, geben Sie zunächst in die Adresszeile Ihres Internetanzeigeprogramms die Adresse ●

ein. Danach bestätigen Sie die Eingabe wie gewohnt mit der ↵ -Taste.

2 Auf der Flickr-Startseite, die daraufhin eingeblendet wird, folgt ein Mausklick auf die Schaltfläche ●.

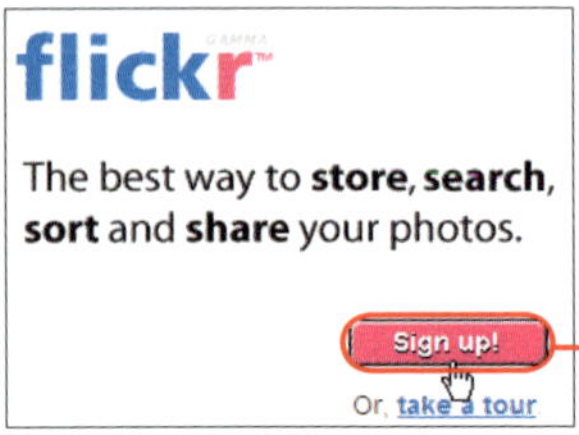

3 Sollten Sie bereits eine Yahoo!-Nutzerkennung haben (etwa weil Sie bei „Yahoo! Mail“ angemeldet sind), reicht es, diesen Nutzernamen ● und das dazugehörige Passwort ●

in die Formularfelder einzugeben. Haben Sie diese Nutzerkennung hingegen noch nicht, klicken Sie auf die Schaltfläche ●.

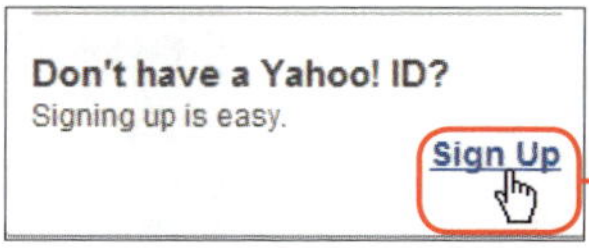

4 Nun wiederholt sich der Vorgang, den Sie schon von der Anmeldung bei den Picasa-Webalben her kennen (siehe Schritte 4 bis 6 auf Seite 93).

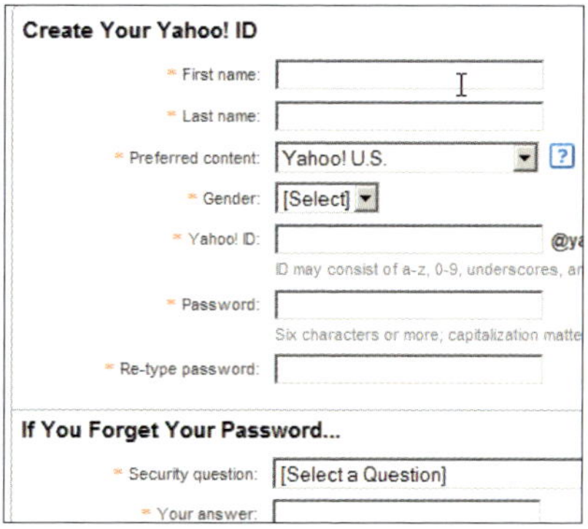

Zum Schluss beenden Sie die Anmeldeprozedur mit einem Klick auf

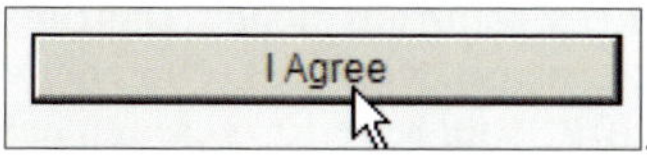

.

So übertragen Sie Bilder zu Flickr

Mit der neuen Nutzerkennung können Sie sich jetzt Zugang zu Flickr verschaffen, wo Sie nun - wie bei View - auf Ihrer eigenen Seite landen. Diese ist zu Beginn natürlich noch leer.

1 Um Ihre Bilder an Flickr zu schicken, klicken Sie als Erstes auf die Schaltfläche ●.

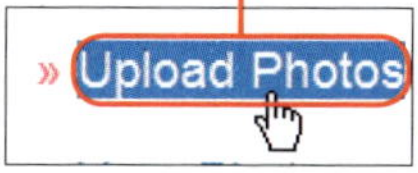

2 Auf der Flickr-Seite, die daraufhin geöffnet wird, können Sie die Dateinamen der Bilder, die Sie überspielen möchten, eingeben. Oder aber Sie klicken wieder auf ●.

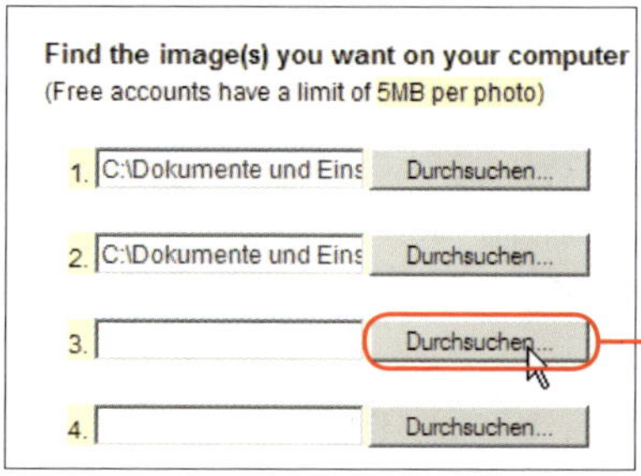

Dann können Sie die Bilder, die Sie hier veröffentlichen wollen, wie gewohnt auf Ihrer Festplatte aussuchen. Das funktioniert genauso, wie Sie es schon bei View in Schritt 3 auf Seite 100 gesehen haben.

3 Nachdem Sie Ihre Wahl getroffen haben, starten Sie den Ladevorgang mit einem Mausklick auf die Schaltfläche ●.

4 Sind die Bilder zu Flickr übertragen, haben Sie die Möglichkeit, die Titel der Bilder - zunächst die ursprünglichen Dateinamen - zu verändern. Zudem können Sie eine Bildbeschreibung („Description") ● ergänzen. Ist dies geschehen, klicken Sie auf ●.

Damit gelangen Sie wieder zu Ihrer eigenen Flickr-Seite, wo Sie sämtliche Fotos, die Sie hier gespeichert haben, begutachten können.

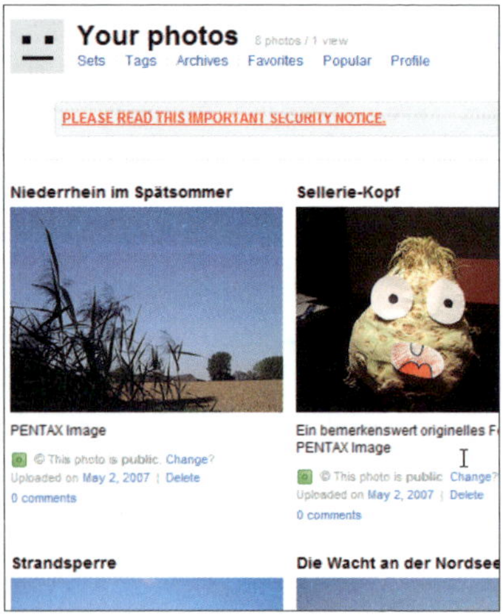

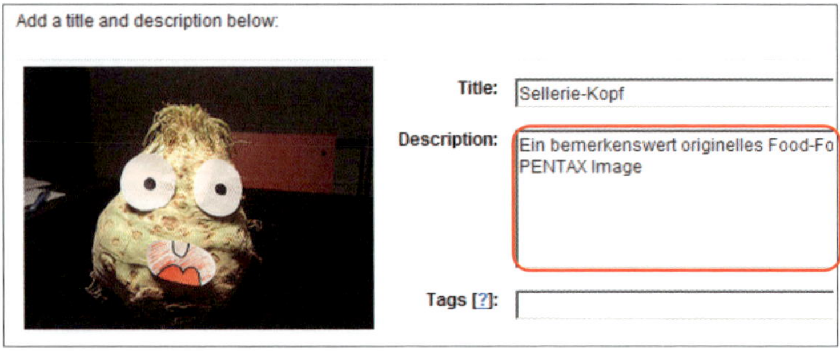

Was ist eigentlich ...?

Assistent
In vielen Programmen von Windows XP sind kleine Hilfsprogramme enthalten, mit deren Unterstützung Sie zum Beispiel ganz einfach Geräte installieren können. Diese Schritt-für-Schritt-Hilfen werden Assistenten genannt.

Auflösung
Ein elektronischer Sensor nimmt bei einer Digitalkamera oder einem Scanner die Bilder auf. Dieses Bild setzt sich aus vielen einzelnen Bildpunkten in unterschiedlichen Farben zusammen. Die Anzahl der Punkte pro Bild ist die „Auflösung". Je höher die Anzahl der Bildpunkte, desto genauer die Wiedergabe des Motivs.

Auslösevorgang
Der „Druck aufs Knöpfchen": Beim Auslösen wird das Objektiv einer Kamera geöffnet, sodass Licht auf den Foto-Chip der Digitalkamera oder die Filmoberfläche fallen kann.

Autofokus
Automatisch scharf stellende Objektive – sogenannte Autofokus-Objektive – übernehmen bei Digitalkameras die Entfernungseinstellung.

Belichtung
Eigentlich Belichtungszeit oder Belichtungsdauer: Je länger ein Bild belichtet wird, desto mehr Licht kommt durch

Was ist eigentlich ...?

das Objektiv. Dunkle Motive brauchen eine längere Belichtung, was allerdings dazu führt, dass bewegte Motivelemente leichter verwackeln. Bei den meisten Digitalkameras wird die Belichtung automatisch eingestellt. Mit einem Bildbearbeitungsprogramm lassen sich fehlerhaft belichtete Motive im Nachhinein korrigieren.

Bildbearbeitungsprogramm
Ein Programm, mit dem sich Fotos und andere Grafiken ändern und korrigieren lassen. Es wird häufig zum Ausgleich von Bildfehlern und zur Verbesserung der Qualität von Fotos eingesetzt.

Bildpunkt
→ Pixel

Bildschirmschoner
Programm, das automatisch Bilder oder Grafiken auf dem Monitor anzeigt, wenn die Arbeit am PC eine Zeitlang unterbrochen wird.

Blendenöffnung
Unter Blendenöffnung wird die Weite der Öffnung des Objektivs verstanden, die über den Schärfebereich und die Belichtungsdauer entscheidet.

Blitz
Künstliche Lichtquelle, mit der ein dunkles Motiv so weit aufgehellt werden soll, dass es fotografiert werden kann.

Was ist eigentlich ...?

In den meisten Digitalkameras ist ein Blitzgerät eingebaut, dessen Reichweite meist allerdings nur für Innenräume genügt.

Brennweite
Eigenschaft des → Objektivs, die festlegt, wie groß die Vergrößerung eines Objektivs ist. → Teleobjektive haben vergleichsweise große Brennweiten, mit denen entfernte Motive näher herangeholt werden können. Weitwinkelobjektive haben niedrige Brennweiten, stellen also größere Bildausschnitte dar. → Zoomobjektive haben variable Brennweiten.

Datenkomprimierung
Damit Bilddateien nicht zu groß sind, werden sie mit unterschiedlichen Verfahren „zusammengepackt", sodass sie weniger Platz beanspruchen. Beim sogenannten JPEG-Verfahren können bei stärkerer Komprimierung Bildfeinheiten verlorengehen („verlustbehaftete" Komprimierung). Das TIF-Format stellt dagegen eine verlustfreie Komprimierung dar. Dafür können die Bilddateien bei diesem Verfahren aber auch nicht so stark komprimiert werden.

Download
Im Internet können Sie sich nicht nur Text- oder Bilddateien ansehen, sondern diese auch auf den eigenen Computer speichern. Im WWW finden Sie

Was ist eigentlich ...?

Programme, Spiele, Musikstücke, Bilder und Filme. Solche Dateien können Sie mit Ihrem Browser aus dem Internet auf Ihren Computer „herunterholen". Dieser Vorgang wird Download genannt. Manchmal wird der Vorgang der Übertragung von Dateien auch als „Überspielen" bezeichnet. In jedem Fall werden Daten von einem Computer zum anderen übertragen.

dpi
Die Abkürzung „dpi" steht für „**d**ots **p**er **i**nch" (Punkte pro Zoll). Damit wird z. B. die Anzahl der Farbtröpfchen angegeben, die ein Tintenstrahldrucker auf einen Zoll (1 Inch/Zoll = 2,54 Zentimeter) nebeneinander setzen kann. Je größer die dpi-Zahl, desto höher ist die Auflösung eines Druckers – desto mehr Einzelheiten können also wiedergegeben werden.

Farbtemperatur
Ausschlaggebend für die Farbtemperatur ist die Lichtquelle. Da das Weiß von Sonnenlicht eine andere Farbtemperatur hat als eine Glühlampe oder eine Kerze, kann je nach Lichtquelle die Erscheinung von Farben auf dem Foto unterschiedlich sein. Mit einem → Bildbearbeitungsprogramm lassen sich Fehlbelichtungen korrigieren.

Filmempfindlichkeit
Eine Maßzahl, die ursprünglich eingeführt wurde, um die Lichtempfindlich-

Was ist eigentlich ...?

keit von Filmen anzugeben. Diese Maßzahl wird auch bei der digitalen Fotografie weiter genutzt. Die Filmempfindlichkeit wird als → ISO-Wert angegeben.

Fokus
Schärfeeinstellung eines → Objektivs. Die meisten Digitalkameras stellen die Schärfe des Motivs automatisch ein. Bei Spiegelreflexkameras kann die Fokussierung auch von Hand vorgenommen werden.

Freeware
Programme, deren Einsatz für die private Nutzung kostenfrei ist. Solche Programme finden sich im Internet beispielsweise auf der Seite **www.computerbild.de** oder auf CDs, wie den Heft-CDs von COMPUTERBILD.

Gigabyte
→ Megabyte

Hardware
Englisch für „harte Ware“: bezeichnet in der Computertechnologie alle eingesetzten Geräte wie etwa PC, Monitor, Drucker, Scanner oder Digitalkamera.

Homepage
Streng genommen ist die Homepage die Startseite eines Internetauftritts. Seit langem hat sich aber eingebürgert, damit den gesamten Auftritt zu bezeichnen.

Was ist eigentlich ...?

Installations-CD
Wichtiger Bestandteil im Lieferumfang von → Hardware wie Drucker, Scanner oder Digitalkameras. Diese können allein nicht funktionieren und müssen erst installiert (eingerichtet) werden, ehe sie untereinander und mit dem PC Daten austauschen können. Die dazu nötigen Installations-Programme werden auf der Installations-CD geliefert.

Internet-Fotoalbum
Eine Möglichkeit, Bilder im Internet zu veröffentlichen, um sie anderen zu zeigen. Internet-Fotoalben können selbst programmiert werden, werden aber auch als Service angeboten.

Internetseite
Die Internetseite ist die grafisch gestaltete Anzeige der Inhalte, die unter einer Internetadresse gespeichert sind. Die Seite wird innerhalb des Internetanzeigeprogramms, beispielsweise dem Internet Explorer, auf dem PC angezeigt. Auf den meisten Internetseiten lässt sich durch Anklicken von Einträgen zu anderen Seiten wechseln oder eine bestimmte Aktion – beispielsweise das Übertragen von Dateien – starten.

ISO
Kurzname der „International Organization for Standardization“ (**I**nternationale **S**tandardisierungs-**O**rganisation). In der analogen Fotografie gibt der „ISO-Wert“

Was ist eigentlich ...?

die Lichtempfindlichkeit des Films an. Faustregel: Je höher der ISO-Wert, desto höher die Lichtempfindlichkeit – aber auch die Körnigkeit des Bildes.

Kartenleser
Zusatzgerät für den PC, mit dem verschiedene → Speicherkarten gelesen und beschrieben werden können.

Kontextmenü
Ein Kontextmenü ist ein Menü, dessen Befehle nur in einem bestimmten Zusammenhang (= Kontext) zur Verfügung stehen. Ein Klick mit der rechten (!) Maustaste öffnet das Kontextmenü mit den jeweils passenden Befehlen.

Kontrast
Mit Kontrast wird der Unterschied zwischen den hellen und dunklen Anteilen eines Bildes bezeichnet. Hat ein Bild einen schwachen Kontrast, wirkt es flau. Weiße Flächen werden dann hellgrau und schwarze Flächen dunkelgrau.

Lichtempfindlichkeit
→ ISO

Lichtstärke
Eigenschaft eines → Objektivs, die beschreibt, wie viel Licht von dem Objektiv durchgelassen wird. Die optimale Lichtstärke wäre 1:1, wird aber nur von sehr wenigen – und teuren – Objektiven erreicht. Profi-Objektive erreichen

Was ist eigentlich ...?

eine Lichtstärke von 1:1,2 oder 1:1,4. Die Lichtstärke ist auch abhängig von der Bauart des Objektivs. Objektive mit hoher → Brennweite sind weniger lichtstark als Weitwinkelobjektive, Objektive mit fester Brennweite sind lichtstärker als Objektive mit → Zoom.

Lichtwert- oder LW-Korrektur
Manuelle Korrektur, mit dem der → ISO-Wert von Digitalkameras verändert werden kann.

Login
Anmeldevorgang für geschützte Internetbereiche. In der Regel ist die Eingabe eines Benutzernamens und eines → Passworts erforderlich.

Makro-Modus
Die meisten Digitalkameras verfügen über einen Makro-Modus, der es erlaubt, sehr nah an ein Motiv heranzugehen und dieses sehr groß zu fotografieren.

Megabyte
Die Größe von Computerdaten wird in Byte gemessen. 1024 Byte sind 1 Kilobyte (KB), 1024 KB sind 1 Megabyte (MB), und 1024 MB entsprechen 1 Gigabyte (GB).

Megapixel
Bezeichnet eine Million → Pixel bzw. Bildpunkte.

Was ist eigentlich ...?

Mehrfeldmessung
Methode zur automatischen Einstellung von → Belichtung und → Fokus: Hier werden verschiedene Motivelemente auf Helligkeit bzw. Entfernung hin analysiert, und aus den Ergebnissen wird automatisch ein Mittelwert errechnet.

Menüleiste
Die Menüleiste befindet sich oben im Programmfenster. In den Menüs sind Befehle und Funktionen zumeist thematisch sortiert aufgeführt.

Monitor
Anderer Name für den Bildschirm, auf dem Texte, Bilder und Videos wiedergegeben werden.

Objektiv
Durch das Objektiv einer Digitalkamera wird das Licht auf den Aufnahmesensor des Fotoapparats geleitet. Das Licht wird dabei so gebündelt, dass auf der Aufnahmefläche ein scharfes Abbild des zu fotografierenden Motivs erscheint.

Ordner
Daten- und Programmverzeichnisse werden bei Windows Ordner genannt. In diesen Ordnern werden Dateien und Programme sortiert gespeichert.

Passwort
Kennwort, das den Zugriff auf geschützte Dateien, Ordner und Services freigibt.

Was ist eigentlich ...?

Internetzugänge und Bereiche im Internet sind meist durch Passwörter geschützt. Passwörter sollten aus Sicherheitsgründen geheim gehalten werden.

Pixel
Ein Pixel (englische Bezeichnung für Bildpunkt) ist die kleinste Bildeinheit bei einer Digitalkamera, einem Scanner oder einem Bildschirm.

Power-Taste
Schalter zum Ein- und Ausschalten eines Gerätes.

Programmautomatik
Vorgefertigte Programme, mit denen sich viele Digitalkameras automatisch auf bestimmte Aufnahmesituationen (Landschaft, Innenräume, dunkle Motive) einstellen können.

Quickview
Eine Funktion, die es erlaubt, ein Bild sofort nach der Aufnahme auf dem Monitor der Kamera zu betrachten.

Registerkarte
Registerkarten sind mit Karteikarten vergleichbar und untergliedern Bildschirmfenster von Menüs. In den Registerkarten eines Dialogfensters finden Sie thematisch sortiert Einstellungen oder Befehle einer Funktion. Mit einem Klick auf einen Registerreiter wechseln Sie in das entsprechende Register.

Was ist eigentlich ...?

Rote-Augen-Effekt
Unerwünschter Effekt beim Einsatz von → Blitzgeräten: Trifft der Lichtstrahl des Blitzes direkt auf das Auge einer fotografierten Person, wird dadurch die Flüssigkeit im Inneren des Augapfels beleuchtet, und die Augen der Person erscheinen rot auf dem Bild. Um diesen Effekt zu verhindern, bieten die meisten Kameras einen → Vorblitz.

Scharfzeichnen
Funktion von → Bildbearbeitungsprogrammen, mit der unscharfe Bildbereiche nachträglich verbessert werden können.

Speicherkarten
Datenträger, die in den meisten Digitalkameras eingesetzt werden. Je nach Hersteller unterscheiden sich die Standards. Am häufigsten sind die Formate CF-Card, SD-Card oder Memory-Stick Pro. Um diese Speicherkarten direkt mit dem PC lesen und beschreiben zu können, ist oft ein → Kartenleser erforderlich.

Speichermedium
Auf Speichermedien werden auf kleinem Raum die Daten von Digitalkameras, Musikabspielgeräten oder auch Mobiltelefonen gespeichert.

Speicherkapazität
Die Speicherkapazität gibt an, wie viele Daten auf → Speicherkarten oder anderen → Wechseldatenträgern gespeichert werden können. Die Speicherkapazität wird in → Megabyte angegeben.

Was ist eigentlich ...?

Sucher
Ein Fenster im Kameragehäuse, durch das der Bildausschnitt bestimmt werden kann. Wird insbesondere dann benutzt, wenn die Lichtverhältnisse die Nutzung des eingebauten Bildschirms erschweren.

Teleobjektiv
Mit einem Teleobjektiv können Sie Gegenstände wie mit einem Fernrohr sehr nah heranholen, ohne dass Sie sich selbst dem Fotomotiv nähern müssen.

Thumbnail
Bei den sogenannten Thumbnails (= „Daumennagel") handelt es sich um verkleinerte Darstellungen von Bildern auf Überblicksseiten. Trotz der Kleinheit der Bilder sind die Bildinhalte meist noch gut zu erkennen.

Tiefenschärfe
Beschreibt, welche Bereiche des Motivs auf dem Foto scharf abgebildet werden. Bilder, die bei sehr hellem Licht aufgenommen werden, haben eine höhere Tiefenschärfe als Bilder, die mit wenig Licht aufgenommen wurden. Motivelemente, die weiter entfernt sind, werden also ebenso scharf aufgenommen wie Elemente im Vordergrund.

Was ist eigentlich …?

Zur Steigerung der Tiefenschärfe kann man durch die → Lichtwert-Korrektur den → ISO-Wert verändern.

Upload
Gegenteil von → Download, also das Übertragen von Daten ins Internet, beispielsweise auf eine Internetseite.

USB
Der USB („**U**niversal **S**erial **B**us“) ist eine serielle Schnittstelle beziehungsweise Anschlussform, über die Digitalkameras, Scanner, Drucker und andere Geräte mit dem Rechner verbunden werden. Dafür gibt es Kabel mit genormten Steckern, die in die entsprechende Anschlussbuchse des Rechners gesteckt werden.

VGA-Format
VGA ist die Abkürzung für „**V**ideo **G**raphics **A**rray“, einen Standard für Grafikkarten, der die Bildauflösung und Farbanzahl eines PCs bezeichnet. Der klassische VGA-Standard beschreibt eine Bildauflösung von 640 x 480 Bildpunkten in 256 Farben. Bilder im VGA-Format eignen sich besonders zur Verwendung im Internet, da sie sehr schnell übertragen werden können.

Vorblitz
Mit einem Vorblitz wird vor dem eigentlichen Blitz verhindert, dass der Rote-

Was ist eigentlich …?

Augen-Effekt eintritt. Durch den Vorblitz ziehen sich bei der fotografierten Person die Pupillen so zusammen, dass sie beim eigentlichen Blitz schon geschlossen sind. Dadurch wird verhindert, dass der rote Augenhintergrund zu sehen ist.

Wechseldatenträger
Auswechselbares Speichermedium. Neben den in Digitalkameras meist üblichen → Speicherkarten kommen in Profi-Modellen auch kleine Festplatten zum Einsatz.

Windows-Explorer
Ein Programm, mit dem Sie sich die Speicherstruktur der Dateien und Ordner Ihres Computers anzeigen lassen können. Es gehört zum Lieferumfang der Windows-Systemprogramme.

Zoom
Ein Zoom-Objektiv ist ein bewegliches Objektiv, das seine Brennweite kontinuierlich verändern kann. Es kann somit als Normal- und als → Teleobjektiv dienen, das wie ein Fernrohr wirkt, so dass alle Motive nah herangeholt werden („zoomen“ = heranholen).

Stichwortverzeichnis

1,2 Megapixel 9
10x15
  in Picasa2 65
13x18
  in Picasa2 65
20x25
  in Picasa2 65
35 Millimeter
  Kleinbild 34, 35
50 Millimeter
  Kleinbild 34
85 Millimeter
  Kleinbild 34
105 Millimeter
  Kleinbild 35

AA-Format 17
Abzüge bestellen
  in Picasa2 89
Akku 17
Aktivieren
  Kameraautomatik 8
Album erstellen
  in Picasa2 57
Alle Bilder markieren 46
Anlegen
  Ordner 44
Anmelden
  bei Flickr 102
Anpassen
  Auflösung 10
Anschauen
  Bilder 50
Anschließen
  Kamera mit USB 41
Anvisieren
  Motiv 24
Anzahl Ausdrucke
  in Picasa2 88
Anzeige
  vergrößern 50
Anzeige ausblenden
  Fotos in Picasa2 57
Arbeitsoberfläche
  von Picasa2 56
Auf gut Glück
  in Picasa2 71
Aufhellen
  in Picasa2 69
Auflösung 9, 105
Auflösung anpassen 10
Aufnahme
  beurteilen 50
  vollautomatisch 7
Aufnahmemöglichkeiten
  auswählen 7
Aufteilung
  Druck 85
Ausblenden
  Fotos in Picasa2 57
Ausdrucken
  Foto 84
Auslöser bedienen 8
Ausrichten Foto
  in Picasa2 67
Ausschnitt überprüfen
  in Picasa2 66
Auswählen
  Aufnahmemöglichkeiten 7
Auswahl
  Drucker 84
Auswahlfenster
  Windows 42
Auswahlmenü 11
Auto-Bracketing 38
Automatik 24

Batterie 17
Bedienelemente 7
Bedienen
  Auslöser 8
Belichtung 25, 38, 105
  dreimal 38
Belichtungsautomatik 33
Belichtungskorrektur 39
Benennen
  Unterordner 45
Betrachten
  Fotos 50
Bild
  Anzeige einstellen 50
  drucken 84
  übertragen in Flickr 103

übertragen in View 99
übertragen ins Internet 94
Bild-Kompression 12
Bildanzeige
vergrößern 50
Bildanzeige auf Monitor 8
Bild aufhellen
in Picasa2 69
Bildauflösung 9
Bild ausrichten
in Picasa2 67
Bildausschnitt 24
in Picasa2 64
Bildbearbeitungsprogramm 105
Bild betrachten
View 102
Bild bewegen
in Fotogalerie 51
Bilddateien
Größe 10
Bilddaten 18
Bild drehen
in Fotogalerie 52
Bild drucken
in Picasa2 86
Bilder
auf Festplatte kopieren 44
betrachten 50
kopieren 46
löschen 46
markieren 46
ordnen 48
Standardordner 44
Bilderdienst auswählen
in Picasa2 90
Bilder entfernen
in Picasa2 57
Bilderordner
in Picasa2 57
Bilder suchen
mit Picasa2 55
Bildformate
in Picasa2 65
Bildgröße
Picasa2-Diaschau 81
Bild in voller Größe anzeigen
in Picasa2 63
Bild kontrollieren 8
in Picasa2 62
Bild löschen
in Fotogalerie 52
in Picasa2 64
Bildpunkt 9, 105
Bildschirmschoner 105
Diashow 75
Bildverwaltung 50
mit Picasa2 52
Bildvorschau
in Picasa2 56
Bildwechsel
in Fotogalerie 51
Bild zuschneiden
in Picasa2 65
Blende 8
Blitzlicht 68
Blumenlogo 25
Brennweite 13, 14, 34, 105
Porträt 27
Brennweite vergrößern 15
Brennweite verkleinern 15
Brillenputztuch 22
Byte 107

Canon PowerShot A 530 10
CF-Card 107
CF-Karte 18, 43
Compact-Flash-Karte 43
Dämmerstunde 21
Daguerre, Louis 13
Datei
Anzeige einstellen 50
Dateieigenschaften
öffnen 97
Daten
vom Speichermedium übertragen 43
Datenübertragung 42
Diaschau
in Picasa2 77
Diashow
Windows 74
zum Mitnehmen 80
Diashow als Bildschirmschoner 75
Digital-Zoom 13
Digitalkamera 7
DIN-A4-Format 10
Download 105
Drehen
Bild in Fotogalerie 52
Bild in Picasa2 68
Dreimal Belichtung 38
Drucken
Foto 84
in Picasa2 86
Drucker
Auswahl 84
Druckersteuerung
in Picasa2 88
Druckparameter
kontrollieren 84
Druckqualität 84
Druckvoransicht
in Picasa2 89

Effekte
in Picasa2 72

Eigenschaften
der Datei öffnen 97
Ein-/Ausschalter 7
Einlesen
Speichermedium in PC 41
Einrichten
Picasa2 55
Einschalten
Kamera 7
Einschubplatz
für Speicherkarte 43
Einsetzen
Speicherkarte 19
Einsteigermodell 10
Einstellen
Auflösung 10
Brennweite 14
Druckparameter 84
Miniaturansicht 50
Einstellung
Picasa2-Diaschau 78
Windows-Diashow 74
Einstellungen arretieren 33
Einzelbilder
in Picasa2 62
Elemente der Digitalkamera 9
Empfindlichkeitseinstellung 36
Empfindlichkeit verändern 36
Energieversorgung 17
Entfernen
Bilder 46
Bild in Fotogalerie 52
Fotos in Picasa2 57
Entfernung 25
Erstellen
Album in Picasa2 57
Explorer
Anzeige einstellen 50
Falsch belichtet 32
Farbkorrektur
in Picasa2 71
Feinabstimmung
in Picasa2 72
Fensterleder 22
Festplatte scannen
mit Picasa2 55
Film-Empfindlichkeit 37
Film-Material 36
Flickr
anmelden 102
Bild übertragen 103
Fotogemeinschaft 102
Fokus 13, 105
Formate
in Picasa2 65
Formatieren
Speichermedium 47
Foto
Anzeige einstellen 50
drucken 84
im Internet veröffentlichen 92
übertragen in Flickr 103
übertragen ins Internet 94
übertragen zum PC 42
Fotoabzüge bestellen
in Picasa2 89
Fotoalbum
in Picasa2 57
Picasa2 92
Fotoanzeige
vergrößern 50
Fotoapparat
an PC anschließen 42
Foto aufhellen
in Picasa2 69
Foto ausrichten
in Picasa2 67
Foto bewegen
in Fotogalerie 51
Foto-Community
View 98
Foto drucken
in Picasa2 86
Fotoformat 9
in Picasa2 65
Fotoformat für das Internet 9
Fotogalerie
öffnen 50
Fotogemeinschaft
Flickr 102
View 98
Foto hinzufügen
zu Picasa2-Album 58
Foto löschen
in Fotogalerie 52
Fotos
auf Festplatte kopieren 44
betrachten 50
kontrollieren 50
löschen 46
ordnen 48
Fotosensor 9
Fotos entfernen
in Picasa2 57
Fotos suchen
mit Picasa2 55
Fotoverwaltung 50
mit Picasa2 52
Fotowechsel
in Fotogalerie 51
Foto zuschneiden
in Picasa2 65
Freeware 52, 106
Funktionen auswählen 7

Funktionsleiste
Picasa2-Diaschau 78
Funktionsring 7

Geschenk-CD
Picasa2-Diaschau 80
Gigabyte 106, 107
Gitterraster
in Picasa2 68
Gleichmäßig belichtet 32
Google
Konto anlegen 92
Google-Konto 94
grünes Symbol 7
Größe der Bilddateien 10

Handbuch 24
Helligkeitsunterschiede 32
Hinzufügen
Foto zu Picasa2-Album 58
Hochformat
in Picasa2 66
Horizontlinie 27, 28

Installationsdatei
von Picasa2 55
Installieren
von Picasa2 54
Internet
Picasa2 92
Picasa2 kostenlos laden 52
Internet-Fotoalbum 106
Internetanzeigeprogramm
106
Internetseite 106
ISO 36, 106
Kabelverbindung 41
Kamera
an PC anschließen 42
Kameraautomatik 29
Kameraautomatik aktivieren
8
Kamera ausrichten 8, 32
Kamera einschalten 7
Kameratasche 20
Kartenleser 43, 106
Kilobyte 107
Kleinbild
35 Millimeter 34
50 Millimeter 34
Kompaktkamera
Objektiv 13
Kompression der Bilder 12
Konfiguration
Picasa2-Diaschau 78
Windows-Diashow 74
Kontextmenü 106
Konto anlegen
Google 92
Kontrolle
der Fotos 50
Picasa2-Diaschau 78
Windows-Diashow 74
Kontrolle von Einzelbildern
in Picasa2 62
Kontrollieren
Bild 8
Bild in Picasa2 62
Druckparameter 84
Kopieren
Bild ins Internet 94
Foto in Flickr 103
Fotos auf Festplatte
44
mehrere Bilder 46
Picasa2 aus dem Internet
52
Korrektur von roten Augen
in Picasa2 68
Ladegerät 17
Laden
Picasa2 aus dem Internet
52
Ladung 17
Landschaftsaufnahmen 27
Lichtempfindlichkeit 106
Lichtstärke 13, 14, 106
Lupensymbol 51
Löschen
Bilder 46
Bild in Fotogalerie 52
Fotos in Picasa2 57

Makroeinstellung 25
Makromodus 107
Markieren
Bilder in Picasa2 86
Markierte Fotos
in Picasa2 87
Maustaste 106
Maximale Tele-Brennweite
35
Megabyte 107
Megapixel 9, 107
Mehrere Bilder 46
kopieren 46
Memory-Stick 18
Memorystick Pro 107
Menü 11, 107
Mignon 17
Mikrofaser 22
Miniatur-Fenster
von Picasa2 56
Miniaturansicht
einstellen 50
in Picasa2 56, 62, 63
Minimale Brennweite 35
Mitnehmen
Picasa2-Diaschau 80

Mitte des Bildes 32
Monitor 24, 107
  Bildanzeige 8
Motiv anvisieren 24

Name
  Unterordner 45
Navigationssymbole
  in Fotogalerie 51
Navigieren
  in Picasa2 63
Neuen Ordner
  anlegen 45
Nutzernamen 93

Oberfläche
  von Picasa2 56
Objektiv 12, 25, 107
Öffnen
  Dateieigenschaften 97
  Picasa2 55
ON/OFF 7
Online
  Bilderdienst 98
Optimales Bildformat 10
Ordnen
  Fotodateien 48
Ordner 107
  anlegen 44
  benennen 45
  in Picasa2 57
  neu anlegen 45
  öffnen 42, 44
Originalgröße
  in Picasa2 63

Papierformat
  in Picasa2 88
Papiergröße 84
Papiertyp 84

PC-Einschubplatz
  für Speicherkarte 43
Picasa2
  aus dem Internet laden 52
  Bildverwaltung 52
  Diaschau 77
  drucken 86
  Fotoabzüge bestellen 89
  Foto im Internet 92
  installieren 54
  starten 55
  Startsymbol 55
Pixel 9, 107
Platz sparen
  mit Picasa2 58
Porträt 35
Porträtprogramm 26
Postkartenformat 9

Querformat
  in Picasa2 66

Raumeindruck 35
Reinigungsmittel 22
Reserve für die Bildbearbeitung
  10
Rote Augen korrigieren
  in Picasa2 68

Scannen der Festplatte
  mit Picasa2 55
Schmutzfilm 22
Schräger Bildaufbau 67
Schwarz-Weiß-Bild
  in Picasa2 72
SD-Card 107
SD-Karte 18, 43
Secure-Digital-Karte 43
Seitenverhältnis
  in Picasa2 65

Sensor 105
Speicherkarte 18, 43, 110
  entfernen 20
Speichermedium 107
  Daten übertragen 43
  formatieren 47
  in PC einlesen 41
Speichern
  von Picasa2 53
Speicherplatz 10
  View 101
Spezialprogramme 29
Spiegelreflexkamera 10
  Objektiv 13
Standardakku 17
Standardordner
  Bilder 44
Standardformate
  in Picasa2 65
Starke Schatten 32
Starten
  Picasa2 55
Startsymbol
  von Picasa2 55
Stativ 21, 26
Staub 22
Stecker
  Kamerakabel 41
Stern
  View 98
Steuerung
  Picasa2-Diaschau 78
  Windows-Diashow 74
Sucher 24, 108
Symbol
  von Picasa2 55
Systemvoraussetzungen
  von Picasa2 53

Tasche 20
Taste
Blumenlogo 25
Tele 15
Teleaufnahme 21
Tele-Brennweite 34
Teleobjektiv 108
Thematisch ordnen
Fotos in Picasa2 58
Tiefeneindruck 35
Tiefenwirkung 34
Tonsignal 25

Überbelichtung 38
Übertragungsfenster 42
Übertragungssoftware 42
Übertragung von Bildern
zum PC 42
Übertragen
Bild ins Internet 94
Bild in View 99
Foto in Flickr 103
Fotos auf Festplatte 44
Picasa2 aus dem Internet
52
Universal-Kartenleser 43
Universal Serial Bus 108
Unterbelichtung 38
Unterordner
benennen 45
Upload 108
USB 108
USB-Kabel
Kamera anschließen 41
USB-Stecker 41
UV-Licht 30

Variable Brennweite 13
Veränderung der Belichtungs-
werte 39
Verbindungskabel 41
Verwalten
Bilder mit Picasa2 52
Verzeichnis
in Picasa2 57
Veröffentlichen
im Internet 92
VGA-Format 9, 108
View
Bild übertragen 99
Bild betrachten 102
Speicherplatz 101
Stern 98
Vollautomatische Aufnahme
7
Vorblättern
in Fotogalerie 51
Vorblitz 68, 108
Vorgeben
Druckparameter 84
Vormerken Bilder
in Picasa2 86

Webalben
Picasa2 92
Wechseldatenträger 43,
108
Weitwinkel 15, 34
Wiedergabemodus 8
Windows
Übertragungsfenster 42
Windows-Diashow 74
Einstellung 74
Windows-Explorer 108
Windows-Fotogalerie
öffnen 50

Zeit 8
Zoom 108
Porträt 27
Zoom-Objektiv 13, 35
Zoomen 34
Zoomwippe 14
Zubehör 20
Zurückblättern
in Fotogalerie 51
Zusammenstellen
Fotos in Picasa2 58
Zuschneiden
in Picasa2 65

Besuchen Sie uns im Internet:
www.ullstein-taschenbuch.de

Originalausgabe im Ullstein Taschenbuch
3. Auflage 2009

E-Mail: buecher@computerbild.de
Umschlaggestaltung: HildenDesign, München / Buch und Werbung, Berlin
Titelabbildung: Corbis
Satz und Repro: LVD GmbH, Berlin
Druck und Weiterverarbeitung: CPI - Ebner & Spiegel, Ulm
Printed in Germany
ISBN 978-3-548-41281-8